박물관에선 볼 수 없는 문화재 2

박물관에선
볼 수 없는 문화재 2

김대환 지음

경인문화사

우리 민족의 문화는 선사시대先史時代부터 끊임없이 만들어지면서 퇴화되어 소멸되거나 새로운 발전을 거듭하며 한민족 고유의 문화를 이룩하게 되었다. 이에 동반되는 문화재文化財는 문화의 연속성을 이어주는 매개체로서 단절된 과거와 현재를 이어주는 무지개다리 역할을 하여 민족의 정체성과 정통성을 부여해준다. 또한 지난날의 뿌리를 찾아주고 현재의 우리를 일깨워주며 미래의 방향을 제시해주는 중요한 자산資産이 된다.

사람은 세월과 공간에 따라 오고 가지만, 이 시간에 존재하는 우리들이 올바르게 보존하고 평가한 문화재를 후손들에게 남겨준다면 새로운 문화의 창조만큼이나 값진 일일 것이다. 문화재는 한번 파손되면 영원히 돌이킬 수 없다. 그러므로 문화재의 보존과 연구는 후손들의 특권이자 무한한 책임이고 의무인 것이다.

필자는 지난 37년간 전국에 산재되어 있는 고려청자 도요지, 조선백자 도요지, 조선분청사기 도요지를 비롯하여 무명의 절터, 국내외 문화재 발굴현장 등을 답사 연구하며 우리 민족의 문화재에 대한 보존과 올바른 평가를 위하여 연구해왔다.

문화재에 대한 올바른 평가는 문화재를 이해하고 감상하며 감정하는 것이다. 특히, 문화재 감정鑑定은 인생의 전부를 투자해도 항상 무언가가 부족하다. 전공자라고 하더라도 문화재 감정을 못하는 것이 창피한 것은 아니다. 모르면서 아는 척하는 것이 더 창피한 일이며, 전부 알고 있다고 생각하는 것은 훨씬 더 창피한 일이다. 그리고 문화재를 실견하지도 않고 그 문화재의 감정을 논하는 자는 아예 그 자격조차 없다.

지난 10여 년간 남권희 교수가 처음으로 발표한 고려금속활자(일명 증도가자)의 진위공방眞僞攻防은 단순히 국내 문제만이 아니고 세계 인류문화유산의 문제이다. 세계 인쇄사가 바뀔 만한 획기적인 우리 민족의 유물이기 때문이다. 일부 미흡한 연구자들의 오판誤判으로 아직도 결론이 나지 않았지만 필자는 꾸준히 진품이라고 주장해왔고 개성 고려왕궁터(만월대)에서 남 교수가 발표한 활자와 같은 종류의 고려금속활자가 출토될 것이라 예측하였다. 그 예측이 적중하여 2015년 11월에 남북공동학술단이 개성 고려왕궁터에서 고려금속활자 1점을 발굴하였고, 2016년 5월에는 북한의 단독 발굴로 4점을 추가로 발굴하는 데 성공하였다. 발굴된 고려금속활자 5점은 이미 남 교수가 발표한 고려금속활자와 일치하는 같은 종류였다.

남교수가 발표한 고려금속활자는 문화재청에서 연구 결과 최종적으로 위조품이 아니라고 결론 내렸다. 유물의 출처문제로 문화재 지정은 보류 중이다. 그동안 부적절한 이유를 들어가며 가품假品이라고 주장하던 연구자들의 목소리는 반성도 없이 어디론가 사라졌다. 자칫 잘못하면 세계적인 우리 민족의 문화유산이 어리석은 일부 후손들에 의해 위조품으로 폐기 처분 될 뻔한 아찔한 순간이었다.

중국 동북공정에 의한 역사 침탈이나 일본 제국주의 식민사관에 의한 역사왜곡은 주변국이 자국의 역사적 이득을 위해 저지른 행위이지만, 우리나라의 국보급 문화재를 국내 연구자가 스스로 위조품이라고 주장하는 것은 우리 민족의 역사와 문화를 모두 파괴하는 용서받지 못할 악행이다. (문화재 감정능력이 모자라면 나서지 말고 가만히 있으면 된다.)

이 책에 실린 유물들은 지난 37년간 각고의 노력으로 국내외 각계각층의 자료를 실견하고 선별 집성한 것으로, 박물관에서 쉽게 볼 수 있는 문화재가 아니다. 우리 문화를 사랑하는 일반인은 물론이고 불교미술사, 도자사, 금속공예 전공자에게도 새로운 자료를 연구할 수 있는 계기로 활용되기를 바란다. 그리고 '고구려불꽃무늬금관'은 유물의 중요도를 감안하여 내용을 보완하여 다시 게재하였다.

끝으로 이 책이 발간되도록 도와주신 서울역사편찬원 이상배 선생님과 경인문화사 한정희 대표님과 김환기 이사님, 김지선 과장님을 비롯한 국내외 각 기관 및 유물 소장자들께 감사를 드린다.

이른 아침 작은 산새들이 지저귀는 '커피게이트' 창가에서 …

단기 4350년 정월

原禪 金 大 煥

고구려불꽃무늬금관

高句麗火焰文金冠

고구려 | 지름 19.5cm 높이 15.8cm

전 세계에서 오늘날까지 전해지고 있는 고대왕국古代王國의 금관은 14점에 불과하다. 가장 이른 시기에 제작된 금관은 1920년대 울리(Woolley, Sir Leonard)경이 수메르 우르의 왕릉에서 발굴한 금관으로 기원전 2700년경에 제작된 것이고 고대 그리스의 에투루리아금관, 아프가니스탄의 사르마트금관과 틸리아 테페 6호분에서 출토된 금관이 2세기경에 제작된 것으로 추정된다. 우리나라의 금관은 4세기 말~5세기 초에 제작된 것으로 추정되는 고구려금관을 포함하여 주로 5세기~6세기에 제작된 신라금관이 남아 있는데 고구려금관 1점, 신라금관 7점, 가야금관 2점으로 모두 10여 점이나 있다. 아직 발굴되지 않은 경주의 신라고분 속에 매장되었을 금관까지 생각한다면 세계적으로 금관의 왕국이라 할 수 있다. 단발성으로 그친 수메르금관, 아프가니스탄금관과는 다르게 우리나라의 금관은 독자적인 발생과 변천을 이루어 세계적인 고대 금관공예의 한 장르를 정립하였다.

고구려고분은 석실분石室墳으로 도굴에 매우 취약한 구조로 만들어져

[도1] 고구려불꽃무늬금관

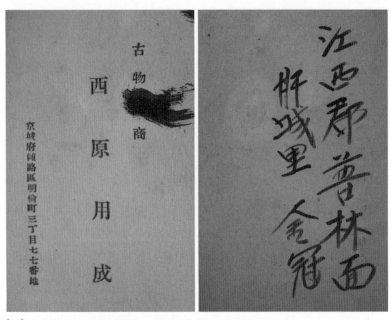

[도2] 일제강점기 상인의 명함 앞면(왼쪽)과 뒷면(오른쪽)의 묵서(강서군 보림면 간성리 금관)

[도3] 고구려금관과 동반출토된 유물(금귀고리, 금동제유물들)

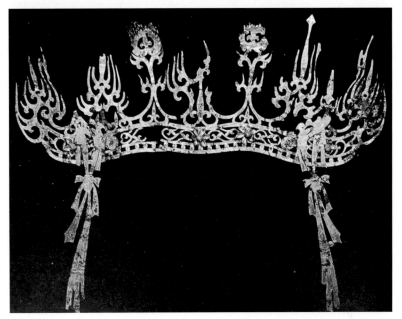

[도4] 고구려불꽃무늬금동관(평양 청암리 출토)

서 고구려 멸망 이후 근대까지 약 1,300여 년 동안 끊임없이 훼손되었다.

그런 이유로 고구려의 왕릉급 고분은 처녀분으로 발굴된 사례가 단 한

차례도 없었으며, 여러 세대에 걸쳐 도굴된 후 간신히 남겨진 유물이 구

[도5] 금관테의 외부(위)와 내부(아래)

한말~일제강점기의 혼란기에 재차 도굴되는 상황이었다. 이 와중에 일제
강점기에 평안남도 간성리에서 출토된 것으로 전하는 고구려불꽃무늬금
관(高句麗火焰文金冠)의 존재 의미는 매우 중요하다. 이 금관은 일제강점기

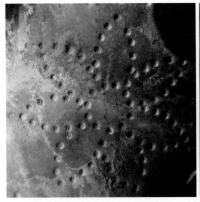

[도6] 금관테의 꽃무늬와 달개장식

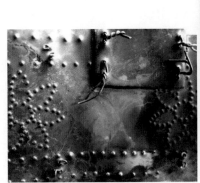
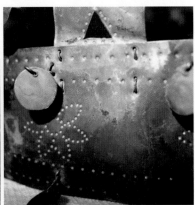

[도7] 금관테와 세움장식의 연결부위(내, 외면)

고미술품 거간꾼인 니시하라 류세이(西原隆成)의 명함[도2]과 동반출토된 것으로 추정되는 고구려 금귀고리(金耳飾) 1쌍, 금동제유물[도3]을 박선희 교수가 최초로 발표하였다.(백산학보 제90호, 2011)

고구려불꽃무늬금관의 기본형식은 관테에 두 종류의 불꽃무늬 세움장식 7개를 세워 붙인 전형적인 삼국시대 금관양식으로 1950년대 평양의 청암리사지에서 출토된 고구려불꽃무늬금동관(高句麗火焰文金銅冠)[도4]과

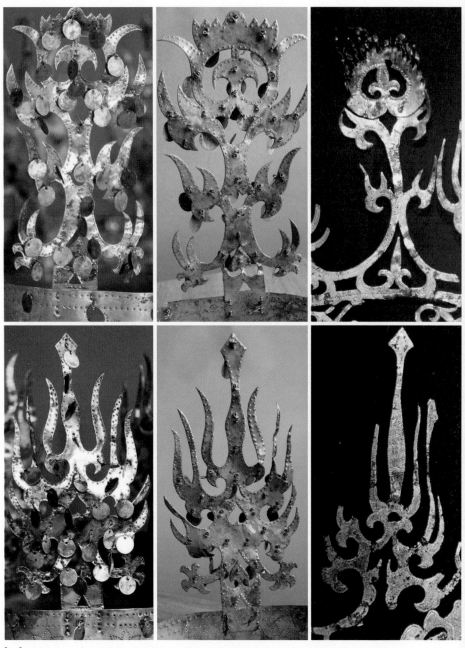

[도8] 고구려불꽃무늬금관 세움장식의 앞, 뒷면과 평양 청암리 고구려불꽃무늬금동관 세움장식과의 비교(맨 오른쪽 위, 아래)

[도9] 덕흥리 벽화고분 불꽃무늬(왼쪽)와 오회분오호묘의 불꽃무늬(오른쪽)

비슷한 모양이다.

금관의 높이는 15.8cm이고 금관테의 윗지름은 19cm이며 아래지름은 19.5cm이다. 금관테에는 7엽의 꽃 16과를 일정한 간격으로 새겨 넣고 38개의 달개장식을 달았다[도6]. 불꽃무늬의 세움장식에는 202개의 달개장식을 달아 모두 합쳐 242개의 달개장식으로 화려하게 치장하였다. 달개장식은 금관이 움직일 때마다 따라 움직여서 빛을 여러 방향으로 내게 하여 마치 활활 타오르는 불꽃의 움직임을 표현하는 효과를 얻을 수 있게 했다[도10].

금관의 세움장식[도8]인 불꽃무늬는 고구려 벽화고분에도 많이 등장하는데 특히, 서기 408년(광개토태왕 18년)에 조성된 덕흥리 벽화고분의 불꽃무늬 장식과 거의 유사하다[도9]. 이 고분벽화의 불꽃무늬는 태양과 일맥상통한다. 고대왕국의 태양숭배사상은 시간과 공간을 초월하여 인간의 내재적인 공통된 신앙으로 세계 여러 곳에서 자리 잡았으며, 태양의 불멸

[도10]　금관의 달개장식(앞면, 위)과 달개의 이음방식(뒷면, 아래)

사상과 생명의 근원이라는 공통적인 의식이 작용하였다. 고구려 역시 태양 같은 존재로서 영원불멸의 불꽃무늬를 제왕의 금관이나 왕릉의 고분에 벽화문양[도9]으로 사용한 것이다. 또한 태양을 대신할 영원불멸의 물질로 지상에 존재하는 유일한 것은 오로지 황금으로, 절대왕권의 고구려태왕高句麗太王만이 이 황금관을 소유할 수 있었을 것이다.

37년간 문화재를 연구해온 필자는 이 고구려불꽃무늬금관을 직접 실견하였고 실측實測하였으며, 2009년에 국립공주대학교에서 실행한 금관의 XRF 성분분석도 주관하였다. 금관의 달개장식과 금사金絲의 성분분석 결과 금 78.55%, 은 19.92%, 구리 1.54%로 순도 19K의 금판으로 제작된 것을 확인할 수 있었다(별첨자료). 국립중앙박물관에서 2015년에 서봉총금관 달개장식의 순도가 19K 정도라는 XRF 성분분석을 최초로 발표한 것보다 6년 빠르다.

이 고구려금관은 금의 성분분석, 세움장식의 절단기법 관테와 달개장식의 이음기법, 금사의 인발기법, 달개장식의 연결방법, 금판에 침착된 유기물과 점선조기법點線彫技法의 특징 등이 기존 고구려유물의 특성과 동일하며 동반출토同伴出土 유물[도15]로 같이 발표된 금귀고리, 금동갑옷편, 금동마구, 금동못, 금동장신구 등도 같은 시기에 조성된 고구려유물과 일치한다.

이 고구려금관은 일제강점기에 출토된 가야금관처럼 정확한 출토지는 알 수 없지만 출토지를 추정할 수 있는 당시의 묵서墨書가 남아 있어 학술적으로도 매우 중요한 의미를 갖는다. 아울러 동반출토된 금귀고리는 광복 후에 평안남도 강서군 보림면 보림리 6호 고구려고분에서 출토된 고구려금귀고리[도17]와 거의 유사하고 출토된 소재지도 같은 보림면이다.

이 금관이 출토된 곳으로 전해진 평안남도 강서군 보림면 간성리나 고

[도11] 금관 뒷면

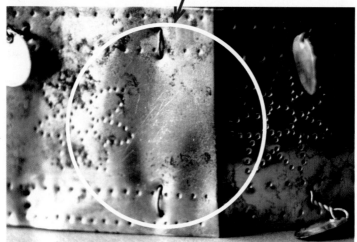

[도12] 금관 뒷면의 관테 이음방식

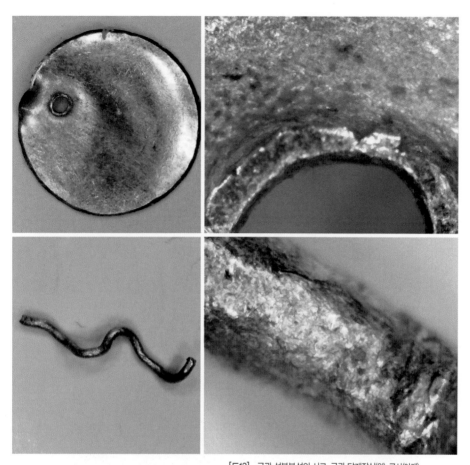

[도13] 금관 성분분석의 시료. 금관 달개장식(위), 금사(아래)

구려 금귀고리가 출토된 보림면 보림리에는 아직도 고구려고분들이 많이 남아 있다.

그동안 이미 도굴된 고구려고분에 남아 있던 금관의 잔편만으로 추청해오던 고구려금관의 실체가 1,500여년 만에 밝혀진 것이다. 고구려불꽃무늬금관은 고구려의 찬란한 문화와 숨겨진 역사를 밝혀주는 중요한 연결고리가 되는 유물이다. 특히, 고구려의 유적과 유물이 많이 남아 있지

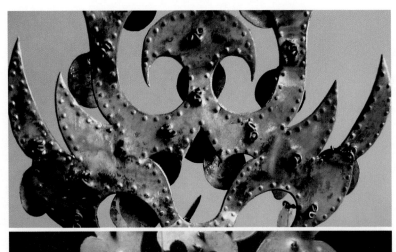

[도14] 고구려금관 세움장식(위)과 백제 무령왕릉 세움장식(아래)의 달개 부착방법

않은 오늘날의 우리에게는 이 고구려불꽃무늬금관은 중국의 동북공정을 넘어서고 우리 민족과 고구려의 정통성을 이어주는 매개체 역할도 할 수 있는 매우 귀중한 문화유산이다.

　광복 후 1946년에 우리 손으로 경주 호우총壺杅塚을 최초로 발굴한 이래로 수많은 발굴이 이루어져서 그동안 잊혔던 선현先賢들의 우수한 문화유산들이 속속 밝혀졌다. 그러나 대한제국의 혼란기와 암울했던 일제강

[도15] 고구려금관과 함께 출토된 금동제유물들(앞, 뒷면)

[도16] 고구려금관테(위)와 황남대총 출토 금제조익관(아래)의 금판 비교(검붉은 산화물)

일제강점기에 수탈된 수많은 문화재의 행방은 알려진 것보다 모르는 것이 더 많다. 또한 이 시기의 유물은 대부분이 출토지 미상이지만 국가문화재(국보, 보물)로 지정된 유물도 상당수 포함되어 있다. 아직도 해외에 흩어져서 행방을 모르는 문화재나 국내에 알려지지 않은 중요문화재는 속히 밝혀내어 우리 민족의 우수성과 자긍심을 온 국민이 함께 공유해야 할 것이다.

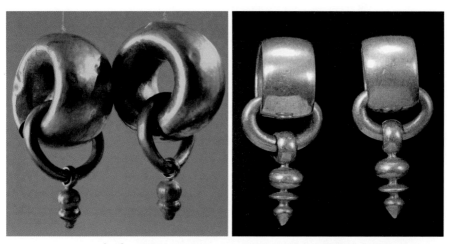

[도17] 고구려금관과 동반출토된 금귀고리(왼쪽)와 평안남도 강서군 보림면 출토 금귀고리(오른쪽)

[도18] 고구려금관 관테 부분의 확대

고구려금관의 영락장식 성분분석표

- 측정조건

측정장치	SEA2220A
측정시간 (초)	150
유효시간 (초)	106
시료실분위기	대기
조사경	원 3.0mm
여기전압 (kV)	50
관전류 (uA)	28
필터	OFF
마이러	OFF

- 시료 이미지

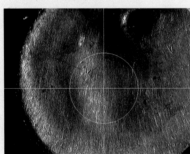

시야 : [X Y] 8.80 6.60 (mm)

- 스펙트럼

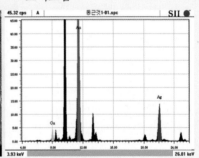

- 정량결과

금(Au)	78.55(wt%)	889.453(cps)
은(Ag)	19.92(wt%)	222.525(cps)
구리(Cu)	1.54(wt%)	36.797(cps)

고구려금관의 금사부분 성분분석표

- 측정조건

측정장치	SEA2220A
측정시간 (초)	150
유효시간 (초)	107
시료실분위기	대기
조사경	원 3.0mm
여기전압 (kV)	50
관전류 (uA)	182
필터	OFF
마이러	OFF

- 시료 이미지   - 스펙트럼

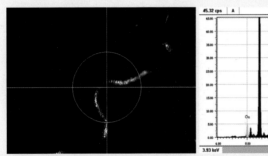

시야 : [X Y] 8.80 6.60 (mm)

- 정량결과

금(Au)	76.15(wt%)	807.851(cps)
은(Ag)	21.94(wt%)	237.674(cps)
구리(Cu)	1.91(wt%)	43.514(cps)

고구려태화9년명비천문금동광배

高句麗 太和9年銘飛天文金銅光背

고구려(485년) | 높이 15cm 폭 12.5cm

일본 도쿄국립박물관의 법륭사보물관 2층 전시실에는 일본 중요문화재
로 지정된 우리나라 삼국시대 금동광배金銅光背[도1]가 전시되어 있다. 본
래 삼존불상三尊佛像의 광배인데 삼존불상은 모두 결실되고 광배만 남은
것이다. 그런데도 이 광배가 일본의 중요문화재로 지정된 것은 유물의 학
술적 가치와 예술성이 높다는 것을 입증해준다. 그러나 여러 차례 이 광배
를 실견하면서도 조각의 양식만으로는 우리나라 유물인지 중국이나 일본
유물인지 확신이 서지 않았다. 금동광배 주변에 14상의 주악비천상奏樂飛
天像을 화려하게 투각透刻했는데, 이런 특징은 오히려 중국에서 많이 나타
나기 때문이다. 그러나 일본 연구자들이 이 광배를 고구려나 백제의 유물
로 판단한 것은 그만한 이유가 있으리라 생각하여 조사하던 중, 광배 뒷면
의 명문銘文을 확인하고 나서야 중국 유물이 아니라는 확신을 갖게 되
었다.

광배 뒷면에는 7행 59자의 명문이 새겨져 있는데 한자의 서체 중에 당

[도1] 갑인명금동광배와 뒷면의 명문

시 중국에서는 사용하지 않는 이체자異體字가 발견되었다. 우리나라에 소장된 명문이 있는 고구려 금동불상이나 금동광배명문과 같은 계열의 서체이다. 연가7년명금동여래입상延嘉七年銘金銅如來立像(국보 제119호, 국립중앙박물관 소장)[도2], 건흥5년명금동석가삼존불광배建興五年銘金銅釋迦三尊佛光背(국립중앙박물관 소장)[도3], 금동신묘명삼존불입상金銅辛卯銘三尊佛立像(국보 제85호, 이건희 소장)[도4]의 명문서체와 유사하며 북한의 영강7년명금동광배永康七年銘金銅光背(조선중앙역사박물관 소장)[도5]의 명문서체와도 유사하다. 이러한 공통점으로 법륭사보물관에 전시된 갑인명금동광배甲寅銘金銅光背(일본 중요문화재, 일본 도쿄국립박물관 소장)도 비슷한 시기의 고구려에서 제작된 광배로 볼 수 있게 되었다. 그러나 갑인명금동광배와 같은 양식으로 주악비천상이 광배 주위를 투각형식으로 둘러싼 형태의 유물이 지금까지 국내에서 알려진 바 없어서 서체의 유사성만으로 고구려유물로 단정하기에 무리가 있었다.

이런 도중에 일제강점기에 평양 부근에서 출토되어 전해오는 국내 개

[도2] 연가7년명금동여래입상

[도3] 건흥5년명금동석가삼존불광배

[도4] 신묘명금동삼존불입상

[도5] 영강7년명금동광배

[도6] 태화9년명비천문금동광배의 앞면과 뒷면의 명문

인소장가의 태화9년명비천문금동광배太和9年銘飛天文金銅光背[도6]를 조사하게 되었다. 이 광배는 높이 15cm인 아담한 크기의 금동광배로 전형적인 삼국시대 양식이다. 광배의 가운데에 두광頭光과 신광身光을 갖춘 거신광배擧身光背를 중심으로 중앙에는 활활 타오르는 불꽃무늬와 광배 외곽의 주악비천상이 투조透彫의 형식으로 붙어 있으며 광배 뒷면의 명문은 5행 39자로 모든 필획筆劃의 각刻이 깊게 새겨져 있다.

광배의 두광에는 연꽃을 배치하고 그 둘레에 넝쿨무늬를 돌렸다. 신광은 삼단의 세로줄로 표현하였는데 불상을 끼워 고정시키던 사각구멍이 세로로 뚫려 있다. 활활 타오르는 불꽃무늬는 광배를 감싸고 있으며 화불化佛은 없다. 광배 외곽의 주악비천상은 투각형식으로 꽃무늬와 번갈아 5상像을 배치하였는데 법륭사보물관에 소장된 갑인명금동광배와 같은 형식이다. 다만 조각의 세련미와 크기를 비교하면 갑인명금동광배가 더욱

[도7] 태화9년명비천문금동광배(왼쪽)와 갑인명금동광배(오른쪽)의 문양 비교

세련되고 잘 다듬어진 기술력을 보이는데, 이는 제작시기의 차이인지 같은 시기의 용도에 따른 예술성의 차이인지 구분하기가 어렵다.

뒷면의 명문[도6] 중에 불상 수의 단위는 '구軀'로 표현하였다. 갑인명 금동광배와 금동신묘명삼존불입상과도 일치하며 태화9년(고구려 장수왕 73년)인 서기 485년에 불상 1구를 조성하여 부모의 공덕을 기린다는 내용이다.

조각은 화려한 옷자락을 휘감고 악기를 연주하는 비천상飛天像의 생동 감과 하늘에 떠 있는 꽃들이 천상의 아름다움을 표현하였고 끊임없이 타오르는 불꽃무늬와 함께 거침없는 조각술은 비록 본존불은 없어지고 광 배만 남은 작은 유물이지만 강건剛健한 고구려의 힘을 느낄 수 있는 작품이다. 아울러 이 주악비천상광배의 제작기법과 양식이 갑인명금동광배와 일치한다[도1]. 즉, 갑인명금동광배와 태화9년명비천문금동광배는 서로가 고구려유물의 증거물임을 제시해주고 있는 것이다.

고구려의 금동불상이나 금동광배에 명문이 있는 유물은 일본에 있는 1점, 북한에 있는 1점을 포함하여 모두 5점이며 새로 조사한 태화9년명비 천문금동광배'를 포함해도 6점에 불과하다. 이 유물들의 공통점은 고구려 인들이 명문[도8]을 새겨 넣을 때 그들의 연호나 간지를 명문의 머리 부분에 명확하게 새겨 넣었다는 것이다. 이렇게 고대사회에서 제작된 작은 불 상에도 제작시기를 표기하였다는 것은 당시 고구려의 수준 높은 기록문 화를 알 수 있게 해준다. 그러나 제작시기를 기록해 놓은 연가7년, 건흥5 년, 영강7년, 경4년 등 독자적인 고구려의 연호나 간지는 남아 있지만, 그 연호를 확인할 자료가 모두 소실되어 후세의 연구자들이 정확하게 제작 연도를 밝힐 수 없는 안타까운 현실에 직면해 있다. 그래서 조각기법과 양식, 불교의 전래연도, 표기된 간지 등을 엮어서 제작시기를 추정하여 연

[도8] 고구려 금동광배 뒷면의 명문들

[도9] 광배 뒷면의 이체자, 고구려자

구자마다 이견이 생기고 유물제작시기가 다르게 설정될 수밖에 없었다.

이러한 상황에서 새로 조사한 태화9년명비천문금동광배의 뒷면에는 정확한 연호와 간지가 새겨져 있고 그것들이 서로 맞아 떨어져 확실한 제작연대를 알 수 있게 되었다. "태화구년세재을축太和九年歲在乙丑…"은 서기 485년으로 고구려 장수왕 73년에 해당된다. 태화는 북위(386년~534년)의 연호로 태화 9년은 을축년과 맞아 떨어진다. 즉, 고구려 장수왕 73년인 서기 485년에 이 금동광배를 붙인 금동불상이 제작되었던 것이다. 중국 북위의 연호를 사용하였지만 삼국시대의 유물에는 중국의 연호를 사용하는 경우가 많고 조각기법과 양식, 새겨진 명문의 이체자에서 이 유물이 중국 유물이 아니고 고구려유물인 이유를 확인할 수 있다. 즉, 중국에서는 사용하지 않는 이체자와 고구려자로 추정되는 문자[도9]가 사용되었고 기존 고구려불상의 명문과 같은 계열의 서체[도10]가 발견되기 때문이다. 광배의 명문[도12]은 예서隷書의 필획이 간혹 보이는 완연한 해서체로 이체자가 섞여 있는 5세기 후반 고구려에서 유행한 서체이다. 현존하는 고구려 불상 광배의 명문 중에서 필획이 가장 뛰어나고 명확하며 강건하다.

갑인명금동광배의 제작시기를 일본 연구자들은 서기 594년으로 비정하였는데, 그 이유는 비슷한 시기의 중국 동위東魏(534년~550년), 북제(550년~577년)의 비천문불상광배飛天文佛像光背를 참고하여 제작시기를 설정한 것으로 추정된다. 그러나 이 시기보다는 태화9년명비천문금동광배와 비슷한 시기인 서기 474년이나 서

[도10] 태화9년명, 태강7년명, 갑신명 광배의 '위(爲)'자 비교

36·37

[도11] 불상의 단위를 '구(軀)'로 표현한 고구려광배

기 534년으로 보는 것이 더 타당하다. 이 두 유물은 크기와 본존불의 용도 차이만 있을 뿐 광배조각의 기법과 양식이 일치하여 서로 비슷한 시기에 제작되었을 확률이 높기 때문이다. 오히려 중국 동위나 북제의 불상보다 이른 시기에 조성되었고 서로 영향을 주고받았다고 볼 수도 있다.

한편으로 부여 관북리에서 출토된 금동불꽃무늬광배(金銅火焰文光背)도 비천상을 별도로 주조하여 붙인 광배로 추정되며 광배 가장자리에는 사각구멍이 6군데 있다. 서기 524년경 조성된 금동삼존불입상金銅三尊佛立像(중국 하북성 출토, 메트로폴리탄 미술관 소장)과 중국 산동성 용화사지에서 출토된 서기 564년 북제시대의 금동미륵교각상金銅彌勒交脚像의 광배와 같은 양식이다. 그래서 부여 관북리 출토 광배는 비슷한 시기에 중국에서 수입한 불상의 광배로 보는 견해도 있다. 아울러 백제가 중국의 북조와도 교류하였다는 증거품이 되는 셈이다[도13].

하북성에사 출토된 금동삼존불입상

太和九年歲在乙丑之月
郡西交縣李曛妻女
造像一軀金李
為父母度像頸兒
門大小道里諸佛

[도12] 태화9년명비천문금동광배의 명문

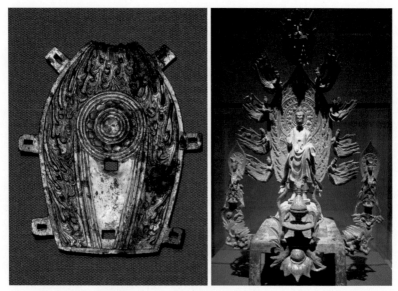

[도13] 부여 관북리 출토 금동불꽃무늬광배와 하북성 출토 금동삼존불입상

의 중국 불상은 부여 관북리에서 출토된 금동광배처럼 광배의 가장자리에 네모난 구멍을 만들어 별도로 주조한 비천상을 끼웠다. 이런 제작기법의 동일성 때문에 부여 관북리에서 출토된 금동광배를 수입품으로 보는 것이다. 그러나 갑인명금동광배[도1]와 의 태화9년명비천문금동광배[도6]는 광배를 주조할 때 이미 비천상까지 하나의 주조틀로 만들어 제작하여 중국 불상과는 제작기법에서 차이가 난다. 태화9년명비천문금동광배와 갑인명금동광배의 광배문양[도7]을 비교하면 비천상과 본존불의 두광과 신광, 비천상 시작점의 꽃무늬, 활활 타오르는 화염무늬 등이 거의 같은 양식이다.

태화9년명비천문금동광배는 광배 중앙의 두광이 신광에 비하여 크기 때문에 소실된 주존불主尊佛은 입불立佛이 아닌 좌불로 추정되며 주존불을 끼웠던 구멍이 하나만 있는 것으로 보아 양옆의 협시불이 없는 독존불로

[도14] 태화9년명비천문금동광배의 주악비천상

[도15] 생황 부는 비천

추정할 수 있다. 국내에서는 주악비천상이 있는 유일한 고구려 금동광배이고 제작시기가 명확한 명문이 있는 가장 오래된 금동광배이며, 거신광배의 가장자리에 비천상이 있는 금동광배 중에서 최초로 일본은 물론 중국보다도 빠른 시기에 제작된 고구려유물이다.

　무엇보다도 이 광배가 중요한 것은 광배의 명문에 절대연대가 새겨져 있어서 그동안 추측만으로 설정했던 고구려불상의 조성연대를 규명하는 데 큰 도움이 된다는 것이다. 즉, 편년이 확실해 금동광배의 최초 기준작이 된다. 그리고 5세기 후반 조성된 고구려 금동광배의 발견은 일방적으로 중국의 영향만을 받은 것으로 여겨온 고대 불교조각사의 수정이 필요하다. 고대문화의 교류는 일방적인 수용이 아니라 상호 주고받는 형태로 당시 강대국인 고구려의 문화적 역량이 상당히 크게 작용했을 것이기 때문이다.

정확하게 1530년 전(고구려 장수왕 73년), 고구려국의 한 여인네가 이 작은 불상에 부모님의 공덕을 기원하며 불상 한 점을 만들어 봉안한다는 소박한 기원을 담았다. 그 후로 수많은 왕조가 바뀌고 함께 자리했던 부처님은 오간 데 없지만, 여인네의 작은 소망은 후손들과 함께 아직도 그 자리에 영원하다.

은제도금아미타삼존불상

銀製鍍金阿彌陀三尊佛坐像

고려시대(1383년) | 높이 21.5cm

나라가 어지러워져 백성들의 삶이 힘들어지면 그 민족의 영혼인 문화재文
化財는 중심을 잃고 떠돌게 된다. 문화재는 그 나라와 민족 최후의 자존심
인데 피폐해진 백성들의 생존권 앞에 최후의 자존심과 영혼마저도 이리
저리 팔려 다니는 것이다.

　이틀간의 짧은 일정을 계획한 후 도착한 북경北京은 황사黃砂로 가득했
다. 지인의 소개로 문화재를 조사할 때는 소풍 전날 밤의 아이처럼 잠을
설치고 마음이 설렌다. 유물은 금강산에서 출토된 불상이라는 이야기를
미리 들었다. 금강산은 민족의 영산靈山으로 수많은 사찰이 있었다. 고려
말엽에는 정치, 경제, 사회적으로 혼돈의 시기여서 백성들의 삶은 피폐해
지고 자신을 구제해줄 신神의 도래를 기원하는 대표적인 장소가 되는데,
이러한 갈망으로 고려 말기에는 미륵신앙彌勒信仰이 번성하게 된다. 그 결
과, 신라 말 혼란기에 자칭 미륵불로 등장한 궁예처럼 고려 말에도 또 하
나의 자칭 미륵불이 등장하는데 고려 우왕 때의 승려인 이금伊金(?~1382

년)이다. 그는 자신의 말을 믿지 않으면 해와 달이 빛을 잃고 나무에 곡식이 열리게 할 수 있는 신력神力을 가지고 있다고 하였다. 많은 사람들이 그에게 재산을 바치는 등 폐해가 커지자 1382년에 왕명을 받은 청주목사 권화가 그를 잡아들여 처형하였다.

1309년 고성삼일포매향비高城三日浦埋香碑나 1387년 사천매향비泗川埋香碑를 여러 사람들이 함께 건립한 것도 미륵정토세계의 도래를 기원하기 위해서였으며, 그러한 희망을 갈망하여 금강산의 여러 곳에 작은 부처님을 봉안奉安하는 것이 유행처럼 번지게 된다. 그렇다면 이번에 보게 될 유물도 고려 말에서 조선 초 사이에 미륵신앙의 결과로 조성된 불상이려니 짐작하였다. 차를 한 잔 마시고 잠시 기다리니 바로 나의 무릎 앞에서 놀라운 광경이 펼쳐졌다. 여러 겹으로 곱게 싼 보자기를 풀고 또 푸는 순간, 연화대좌 위에 앉은 세 구軀의 부처님이 차례대로 나타났다. 잠시 후에는 낮은 난간의 기다란 불상받침과 여러 번 접힌 누런 종이도 드러났다. 유물의 모습이 처음 드러난 순간, 금강산에서 출토된 삼존불상이 확실함을 느꼈다. 가운데 아미타불의 주존불을 중심으로 오른쪽에는 지장보살地藏菩薩이고 왼쪽에는 관음보살觀音菩薩도1]로 높이 20cm정도의 삼존불三尊佛이다. 고려 후기부터는 대세지보살대신 지장보살이 나타나는데 특히, 두건을 쓴 지장보살은 일본이나 중국에는 없는 우리나라만의 독특한 양식으로 중생구제의 역할을 충실히 수행한다. 이 삼존불의 법의法衣는 통견通絹으로 어깨선에서 발아래로 비스듬히 얌전하게 흘러내린다. 원元나라 라마교의 영향으로 복잡하고 화려했던 영락장식이나 가느다란 보살의 허리는 완전히 배제排除한 형상으로 오랜만에 되찾은 고려인의 모습이다. 삼존불상의 얼굴은 모두 비슷한데 이마에는 작은 수정水晶으로 된 백호가 있고 지그시 감은 듯한 눈 아래로 또렷한 이목구비와 턱 선이 유려하다. 불상대

[도1] 발원문이 나온 관음보살상과 발원문

[도2] 주존불인 아미타불상과 화려한 광배의 뒷면

佛像臺座는 별도로 주조鑄造하였으며, 앙련仰蓮과 복련復蓮의 이중대좌로 가지런하다. 삼존불을 모시는 감실監室 대신에 난간이 둘러진 긴 불상받침이 있어서 삼존불을 올려놓게 되어 있다. 특히, 불상의 기운을 나타내는 삼존불의 광배[도2]는 금동으로 불꽃무늬는 사라지고 연속된 넝쿨무늬로 투각하였는데 그 화려함이 대단하다. 불상과 불상대좌는 금만큼이나 귀한 은으로 만들고 역시 금 도금(鍍金)하였다. 관음보살의 보관寶冠은 비록 녹아서 없어졌으나 다른 부분이 모두 온전하여 지정문화재의 여건을 충분히 충족하고도 남았다.

특히, 여러 번 접힌 누런 종이는 이 불상의 비밀을 풀어줄 가장 중요한 발원문發願文[도1]이다[도4]. 관음보살상 몸속에서 나온 발원문은 역시 여러 사람들이 함께 발원한 것으로, 홍무 16년(1383년)의 조성연대와 발원자의 이름 중에 조선태조 이성계李成桂(1335년~1408년)와 그의 이복형인 이

[도3] 금강산 출토 이성계 발원 사리구(국립중앙박물관)

원계李元桂(1330년~1388년)의 이름이 포함되어 있어 주목된다. 이원계는 두 차례에 걸친 홍건적의 침입과 왜구를 격퇴시킨 무장으로 1388년에 이성계를 도와 위화도회군으로 실권을 잡았으나 그로부터 5개월 만에 사망한다. 이성계보다 5살 많았지만 이성계의 밑에서 정치 군사적인 협력자 역할을 충실히 하였다. 이 불상의 조성시기는 이성계가 위화도회군으로 실권을 잡기 전이므로 여러 발원자들 중의 하나로 형제가 나란히 적혀 있을 뿐이다. 또 하나 주목을 끄는 이름은 승려 이문伊文으로 문헌에는 등장하지 않지만, 앞에서 밝힌 자칭 미륵보살 이금과의 관계도 생각해 볼 만하다.

이성계는 이 불상의 발원문에 이름을 남긴 해로부터 8년 후인 1391년에 부인인 강씨와 건국의 염원을 담은 은도금사리탑銀鍍金舍利塔[도3] 등의 사리구舍利具를 금강산 월출봉의 어느 돌함 속에 넣어 봉안한다. 위화도회군으로 실권을 잡은 주체세력이 되었기 때문이다. 이듬해 고려왕조는 몰락하고 그의 뜻대로 조선의 건국이 이루어진다. 그 후 이성계 발원 사리구는 500여 년 동안 잊혔다가 일제강점기인 1932년에 금강산 화재예방공사

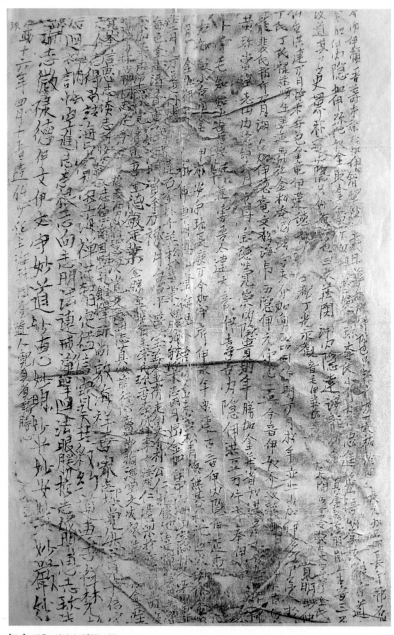

[도4] 관음보살상의 발원문 전문

중에 우연히 발견된다. 500년 전의 건국의지는 사라지고 나라 없는 식민지국가로 전락한 상황에서 초라하게 발견된 것이다. 새삼 역사의 무상함을 느끼게 한다. 그래도 이성계 발원 사리구는 현재 국립중앙박물관의 소장품으로 잘 전시되어 있다.

이번에 실견한 삼존불 역시 역사 속의 조선왕조를 훌쩍 건너뛰어 622년이 지나서야 타임캡슐처럼 내 앞에 놓인 것이다. 주존불과 지장보살의 복장품은 봉해져 있어서 아쉽게도 확인할 수 없었다. 그렇지만 조성연대가 확실한 불상을 확인하여 삼존불의 예술적 가치는 물론이고 그동안 여말선초麗末鮮初로 비정했던 많은 불상들의 편년을 정해줄 수 있는 귀중한 문화재를 확인한 것이다. 또한, 관음보살의 몸속에서 나온 발원문은 고려 말의 사회상과 종교관, 이성계의 역할 등 수많은 1차 자료를 품고 있어 관련된 전공자가 심층적인 연구를 하길 기대한다.

국외에서 우리 문화재를 조사할 때면, 중요한 문화재를 처음으로 조사했다는 기쁨보다도 한없이 밀려오는 아쉬움과 쓸쓸함이 더 컸던 이유는 무엇때문일까? 같은 민족의 문화재가 제3국에서 떠돌 때 우리는 과연 남의 일처럼 방관할 수밖에 없는 것일까? 개인의 능력으로는 어찌할 수 없는 심한 무력감에 사로잡힌다.

10여 년이 지난 지금 그 부처님들은 어느 곳에 자리 잡고 계실까? 계신 곳은 편안하실까? 600년 전에 고려인들이 그토록 갈망하던 미륵의 세계는 삼존불을 통하여 도래했을까?

다행히도 몇 년 후에 이 유물이 국내의 사립박물관으로 환수된 것을 확인할 수 있었다.

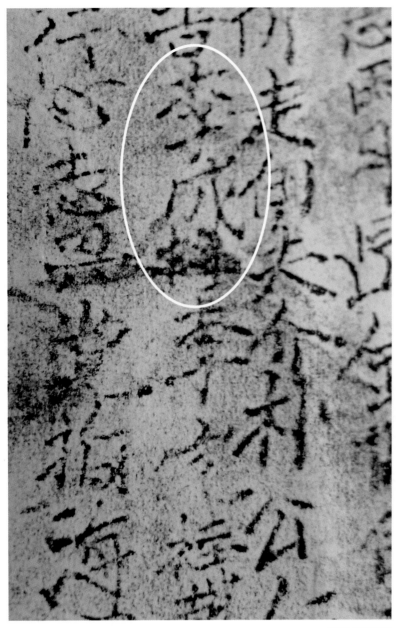

발원문 이성계 부분

은투각새넝쿨무늬다완

白磁金釦花鳥唐草文茶碗

신라 말~고려 초 | 입지름 15cm 굽지름 5.5cm 높이 5.6cm

한민족韓民族의 창의성과 예술성의 끝은 어디까지일까? 1,100여년 전에 제작된 작은 찻사발(다완)이 21세기 IT강국 대한민국을 만든 잠재력을 충분히 증명한다. 이 찻잔은 우리나라에서 도자기가 본격적으로 생산될 무렵에서도 가장 이른 시기에 제작된 유물에 속한다(신라 말~고려 초). 바닥굽은 일명 해무리굽으로 낮고 넓어서 안정감 있게 만들었고 삿갓처럼 거의 직선으로 뻗은 기벽器壁은 두 손에 꼭 들어오게끔 하였다. 경기도 용인 서리의 고려 백자요지白磁窯址에서 생산된 10세기경의 백자와 비슷한 제작시기이거나 그 이전에 우리나라 서남부지방에서 만들었을 것으로 추정된다. 두꺼운 유약을 몸체에 골고루 시유施釉하였고 빙렬氷裂이 잔잔하게 나 있다. 굽바닥까지 시유하여 내화토받침 흔적이 남아 있고 내저원각內底圓刻이 있으며 갑발을 사용하여 한 점씩 소성한 고급백자이다. 굽의 폭(접지면)과 굽의 지름(저경)의 값이 0.25cm로 큰 편이고 입지름은 15cm, 높이는 5.6cm, 굽지름은 5.5cm이다.

[도1] 은판을 쪼아서 투각한 문양

　여기까지는 우리나라 초기 도자기제작의 일반적인 사항으로, 특이할
것이 없다. 그러나 이 유물이 당시 도자기의 선진국인 중국에서도 찾아볼
수 없는 유일한 명품으로 존재하게 된 이유는 세계최초로 금속공예기술
을 첨단尖端 도자기에 접목시켜서 가장 화려하고 아름다운 작품으로 재
탄생시켰다는 것이다. 선조들이 탄생시킨 명품으로 도자공예와 금속공
예의 결합이며 소박함이 미덕인양 알려졌던 그동안의 잘못된 상식을 타
파한다.

　얇고 넓은 은판銀板[도1]을 부채꼴형태로 만들고 당시 유행하던 연꽃잎

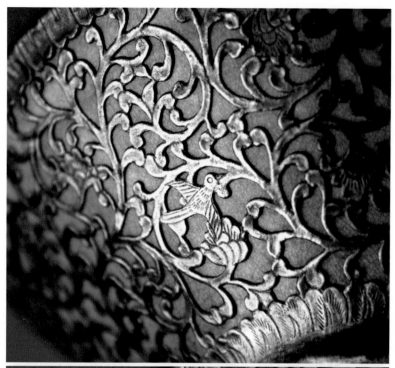

[도2] 꽃, 새, 넝쿨 투각무늬

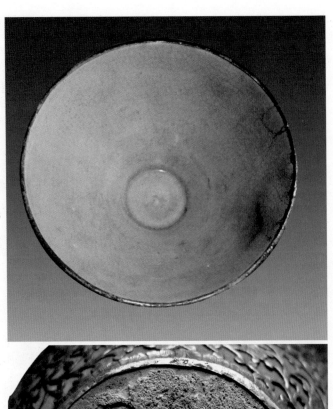

[도3] 다완 안쪽면(위)과 굽바닥(아래)

과 꽃 넝쿨 속에 노니는 새를 밑그림으로 그린 후, 일정한 힘의 세기로 은판의 밑그림을 따라 정釘으로 새겨 넣고 쪼아서 따낸다. 무늬[도2]는 굽부분과 입술부분의 꽃잎을 종속문從屬文으로 둘렀고 몸체의 주문양主文樣은 대칭으로 올라온 두 줄기의 넝쿨이 온몸을 휘감고 있다. 그 사이사이에 17송이의 꽃과 10마리의 새를 털끝처럼 가느다란 새김조각기법인 모조기법毛彫技法으로 정교하게 조각하였으며 투각된 은판을 다듬고 금으로 도금하였다. 이렇게 만든 것을 그다음 어떻게 도자기의 몸체에 밀착시켜서 한 몸으로 완성시켰을까? 생각하는 것은 간단하지만 실제로 제작하기는 매우 까다로운 공정이며 정교한 기술이 필요하다. 아교와 같은 접착물질을 사용하여 붙였을 것으로 추측되지만 어떻게 천 년 동안 거의 변함없이 붙어 있게 하였는지는 후손들이 풀어야 할 숙제이다. 이 투각은판의 무늬는 남북국시대南北國時代 신라에서 즐겨 사용하던 자연의 동식물문양으로 몸통인 해무리굽 백자[도3]와 제작시기도 일치한다.

국내에 도자기와 금속공예가 결합된 유물은 몇 점이 확인된다. 1990년에 국보 제253호로 지정된 청자양각연화당초모란문은구발靑磁陽刻蓮花唐草牧丹文銀釦鉢[도4-■]과 청자상감국화문은구향합靑磁象嵌菊花文銀釦香盒[도4-■]과, 청자상감국화무늬향합(소재지불명)[도4-■]이다. 청자상감은구발의 대접이 국보로 지정된 가장 큰 이유는 입술주변에 은테를 둘렀기 때문이다. 그리고 고려왕의 행궁行宮인 혜음원지惠陰院址에서 주석朱錫으로 입술주변을 감싼 청자양인각접시[도4-■] 몇 점이 출토되기도 했다. 이들은 모두 파손되기 쉬운 도자기의 입술부분을 금속테로 감싸서 장식성보다는 실용성을 더 감안하였다.

금속판을 투각하여 무늬를 조각한 후에 장식품을 만든 최초의 사례는 남북국시대 신라에서 제작한 금은투각장식 거울[도6]이나 금은투각 쌍록

청자양각연화당초모란문은구발(국보 제253호)

청자양인각접시(혜음원지 출토)

청자상감국화문은구향합(국립중앙박물관)

청자상감국화무늬향합(소재지불명)

[도4] 은테를 두른 고려청자(60쪽)와
중국청자(오른쪽) 송청자은구완,
송청자화형발(중국 섬서성박물관)
중국청자(중국 섬서성박물관)
송청자은구완(위)
송청자화형발(아래)

문 조개장식이 전하고 있는데 이미 삼국시대부터 투각장식의 기법으로
여러 가지 용품들이 제작되었던 것으로 추정된다[도6].

　한편으로는, 청동제품靑銅製品에 투각한 은판을 감싸서 화려하게 장식
한 국보 제92호 청동은입사포류수금문정병靑銅銀入絲蒲柳水禽文淨甁[도5]이
있는데 첨대尖臺 아랫부분의 둥근 환테와 귀때의 덮개를 투각은판으로 감
싸서 장식하였다. 이것은 청동정병의 파손을 방지하기 보다는 화려한 장
식에 염두를 둔 것으로 아직까지 은판을 투각하여 감싼 부분에 대해 집중
조명한 연구자는 없다. 도자기는 아니지만 오히려 이 청동유물이 장식적
인 측면에서 바로 백자금구화조당초문다완白磁金釦花鳥唐草文茶碗[도1]과 일

[도5] 청동은입사표류수금문정병(국보 제92호)의 은투각부분

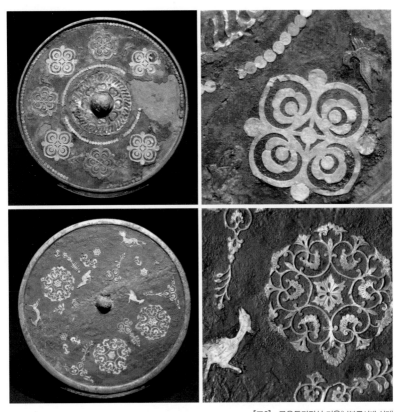

[도6] 금은투각장식 거울(남북국시대 신라)

맥상통하며 깊은 관련성이 있다는 것을 알 수 있다.

　중국에도 송末, 원대元代에 청자, 백자의 입구에 은테를 감싼 유물이 출토되고 있다. 물론 그 수량은 우리나라처럼 희소하며 고급자기에만 사용하였다. 그리고 송대末代 정요백자定窯白磁[도4]는 노태露胎의 복소법覆燒法으로 은이나 주석으로 입술부분을 감싸기 위해 아예 입구부분의 유약을 훑어내고 소성燒成한 경우도 있다.

　대접뿐만 아니라 여러 가지 기형器形에 골고루 은테를 감싼 유물이 있는데 특히 주전자의 경우에는 뚜껑이나 물이 나오는 물대의 끝부분, 굽부분 등을 은으로 감싸기도 한다. 우리나라에 비해 워낙 잔존수량이 많고 다양해서 그동안에는 도자기와 금속의 결합제품은 중국이 처음으로 개발하여 생산한 것으로 생각하였고 우리는 그러한 중국의 기술을 받아들인 것으로 생각되어 왔다. 왜냐하면, 중국에 비하여 유물의 수량도 적고 은테를 두른 도자기의 제작시기도 12세기 이후의 유물들을 가지고 추정하기 때문이었다. 그러나 10세기를 전후한 유물[도1]의 등장으로 중국보다 이른 시기에 더 화려하고 정교한 작품을 생산하였다는 사실을 알 수 있게 되었다.

여주 고달사지高達寺址의 고달사원종대사혜진탑비高達寺元宗大師慧眞塔碑에는 "광종이 945년에 원종대사元宗大師(868년~958년)에게 금구자발金釦瓷鉢을 하사하였다"라는 기록이 있다. 이 기록은 현재 남아 있는 은장식 청자[도4]보다 이른 시기에 이미 금은장식을 결합한 도자기가 존재했다는 것을 입증해준다. 그동안 이 기록에 등장하는 '금구자발金釦瓷鉢'이 당대當代에 수입한 중국도자기로 생각한 사례가 많았는데 이제는 수정되어야 한다. 도자기의 기벽에 투각은판을 씌운 이 유물[도1]의 제작시기가 원종대사의 활동시기인 10세기와도 일치하며 금구자발이 이런 계통의 도자기일 수도 있기 때문이다.

몇해 전 '우리 도자의 아름다움'이라는 전시회에서 고려백자'금구봉황문완金口鳳凰文碗'과 고려청자 '금구금수문완金口禽獸文碗'이 출품되어 화제를 모았다[도8]. 고려백자와 고려청자의 기벽에 은투각판을 붙인 기물器物로 전례가 없던 유물의 등장이라며 전공자들조차 반신반의하였다. 그러나 필자에게는 전례가 있는 유물이었다. 두 번째로 보는 투각은판을 씌운 도자기였기 때문이다. 백자금구봉황문완는 은판을 쪼아서 투각한 문양과 같은 10세기경에 제작된 해무리굽 백자이며 청자금구수금문완은 11세기

[도8] 고려백자 금구봉황문완(위), 청자금구 금수문완(아래)

사진제공 신세계 갤러리

[도9] 다완과 상감청자(오른쪽) 바깥면의 무늬 비교

경에 제작된 순청자로 투각된 은판무늬를 입힌 청자로, 유물들 간에 다소 차이는 있지만 동일한 계통으로 은판투각銀板透刻한 후에 금도금金鍍金하였다.

이 두 도자기의 등장은 투각한 은판을 붙인 기법의 도자기가 적어도 10세기부터 11세기 후반까지 오랜 기간 제작이 되었다는 증거이다. 청자 금구수금문완은 입지름이 17.5cm이고 굽지름은 5.1cm, 몸통의 높이는 7.3cm로 일반적인 찻잔의 크기보다는 약간 큰 편이다. 백자금구봉황문완은 입지름이 16cm, 높이가 6cm이다. 이렇게 도자기 외벽外璧에 투각하여 붙인 은판무늬가 12세기 이후에는 상감기법象嵌技法의 발달로 청자대접의 외벽에 무늬[도4]로 새겨지게 되며 한편으로는 [도4]처럼 도자기의 입술부분을 감싸주는 간편한 형태로 변모한다.

처음 공개되는 중요한 문화재는 완숙하지 못한 전공자로부터 진위眞僞의 논쟁에 휘말리게 될 소지가 높다. 그래서 대부분의 개인 소장자들은 공개를 꺼린다. 그럼에도 불구하고 일부 현명한 소장가들이 흔쾌히 조사와 발표를 허락하는 것은 우리나라 학문의 발전과 문화재의 공공성이 작

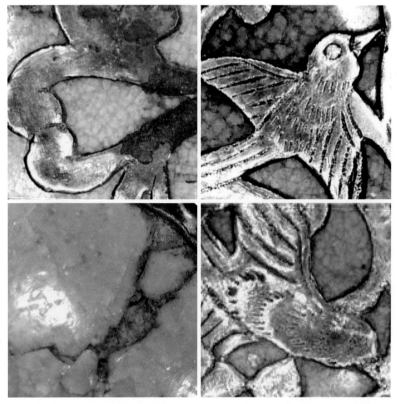

은 진위논쟁보다 우선한다는 것을 잘 알고 있기 때문이다. 따라서 소장가에게는 유물공개를 할 적임자를 선정하는 가장 중요한 결정권이 주어진다.

　세계최대의 도자기 생산국이었던 중국에도 투각은판을 몸통 전체에 씌워 화려하게 장식한 도자기는 없고 명품다완名品茶碗의 최대 소장국인 일본에도 없다. 당시 최첨단의 도자기 생산기술을 지녔던 우리 선조들은 도자공예기술陶磁工藝技術과 고조선시대부터 이어진 금속공예기술金屬工藝技術을 접목하여 세계 최고의 예술품을 창조하였고, 21세기 IT강국의 후손들에게도 문화적 자부심과 긍지를 심어준다.

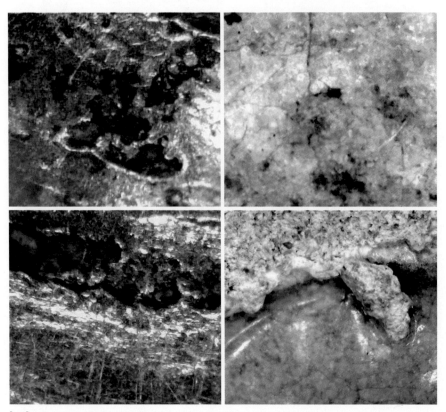

[도11]　은투각다완의 현미경사진(왼쪽 은투각부분, 오른쪽 도자기부분)

[도12] 다완의 바닥면

은제도금모란무늬받침잔

銀製鍍金牧丹文托盞

고려시대 | 높이12cm 폭16.2cm

1991년에 일본 오사카시립동양도자미술관은 '조선도자 특별전 시리즈 16 고려의 금속기와 도자기'라는 특별전을 개최하였다. 도쿄국립박물관, 나라국립박물관, 고려미술관, 일본민예관, 대화문화관, 교토미술관 등의 유물과 개인 소장품까지 60여 점의 고려시대 금속유물과 청자가 출품되어 비교 전시하는 것으로 고려시대 공예품의 특별한 의미를 부여하는 전시였다. 고려시대 청동기와 도자기의 제작시기와 상감기법의 기원문제起源問題를 비교분석하는 계기를 마련한 전시회로 이미 24년 전에 일본 연구자들이 고려청자 연구방법의 한 방향을 제시한 것으로 의의가 컸다.

그런데, 필자에게는 의외의 성과가 있었다. 그동안 알려지지 않았던 고려시대 금속유물이 출품되어, 고려청자에 가려져 제대로 조명받지 못했던 고려시대 금속공예품의 다양한 기형과 수준 높은 예술성을 확인하는 계기가 된 것이다. 특히, 도쿄국립박물관에서 출품된 은세공품(은도금음각초화문화무늬받침잔)이 매우 희소한 경우로 눈길을 끌었다. 이러한 기형器形

[도1] 은제도금받침잔(국립중앙박물관)

의 탁잔托盞은 고려시대 도자기로 만들어진 사례는 많이 있으나 금속기인 은으로 만든 사례는 국내에는 국립중앙박물관에 있는 파손된 한 점을 포함하여(2016년에 보물 지정)[도1] 몇 점만이 전해지고 있고 일본에는 단 두 점만이 알려지고 있기 때문이다. 그나마도 도금이 벗겨지고 은이 부식되어 검게 변하여 보존상태도 좋지 못하다.

이러한 상황에서 필자가 최근에 조사한 은제도금모란무늬받침잔銀製鍍金牧丹文托盞[도2]을 통하여 고려시대 상감청자뿐만 아니라 금속공예품의 세계적 수준을 느낄 수 있었다. 고려시대 금속공예품의 범위는 생활용기, 제례기, 장신구 등 다양하며 재질도 금, 은, 청동, 철 등 용도에 따라 세분할 수 있다. 제작기법으로는 기본적인 몸체성형의 주조기법鑄造技法, 단조기법鍛造技法에 세부적인 문양의 새김인 모조기법毛彫技法, 타출기법打出技法, 어자문기법魚子文技法, 상감기법, 금속의 접합기술인 압접기법鑞接技法과 마무리작업에 해당하는 도금기법鍍金技法이 있다. 이 탁잔의 제작기법은 단조기법의 일종으로 은판을 오려 펴서 두드리고 접어 모양을 만들고 최종 접합(銀鑞接)하여 만든 것이다. 잔과 잔의 굽, 받침의 전 부분, 굽부분, 잔 받침의 다섯 부분으로 나누어 제작한 후 접합하였다. 접합방법은 접합할 부분에 은가루나 작은 은조각을 몸통에 올려놓은 다음에 가열하여 녹으면 바로 접합체를 붙이는 방법이다. 물론 각 부분의 정교한 문양은 접합이전에 어자문기법, 타출기법, 모조기법으로 조각하고 마지막 공정으로 도금하여 완성하였다.

잔과 잔받침의 알맞은 비례감이 기형의 곡선과 어울려서 유려함과 세련미를 동시에 느낄 수 있게 한다. 잔은 6엽의 꽃모양으로 각 면과 골 사이에는 화려한 모란무늬를 섬세하게 모조기법으로 음각陰刻하였다. 정으로 일일이 쪼아서 문양을 새긴 음각기법을 사용하였는데 그 간격과 선이 일정하여 숙련된 솜씨를 훨씬 뛰어넘는다. 입술 부분과 굽의 접지면은 부드럽게 턱을 만들어 접었고 연꽃잎무늬를 돌려 새겼으며 나팔형으로 벌어진 굽은 안정감이 있다. 잔받침[도4]은 받침부분과 넓은 손잡이의 전 부분, 굽부분으로 가장자리는 모두 부드러운 턱을 만들어 접합하였으며 모란무늬와 연꽃잎을 화려하게 쪼아서 모조기법으로 조각하였다. 특히, 잔받침부분은 바탕에 어자문기법과 양각陽刻의 효과를 나타내는 타출기법을 사용하였고 측면은 물론 잔을 올려놓는 윗면까지도 부귀를 상징하는

[도2] 은제도금모란무늬받침잔의 잔과 잔받침

세 송이의 모란꽃나무가지무늬[도5]를 섬세하게 조각하였다. 또한 굽은 잔
의 굽과 마찬가지로 나팔형굽으로 안정되게 벌어져 일체감과 균형감을
느끼게 한다. 단조품鍛造品이라서 가볍고 튼튼하며 화려한 금도금이 잘 남
아 있어서 고려시대 최상층의 화려한 생활을 짐작할 수 있다. 당시 상품上
品의 관요청자官窯靑磁도 매우 귀하였지만 금은기金銀器 역시 귀하였을 것

이다. 이 받침잔 전체의 높이는 12㎝이고 폭은 16.2㎝이다.

　잔과 넓은 전이달린 잔받침(盞托)이 한 쌍으로 이루어진 이러한 형식의 받침잔(托盞)들은 중국의 송나라 것을 모방하여 만들었다고 보는 견해가 다수이지만 우리나라에서는 이미 삼국시대 백제 무령왕릉에서 출토된 사례[도5]를 비롯하여 여러 점이 전해지고 있어서 속단하기에는 이르다. 중국과의 교류에 의해서 어느 정도 기형의 완성도에 기여하였을 수는 있지만 존재하지 않았던 새로운 기형이 중국의 영향으로 탄생한 것은 아니다. 현존하는 유물의 양으로 보아 고려시대에 들어서면서 일반화되어 도자기

[도4]　잔과 잔받침의 음각모란절지무늬

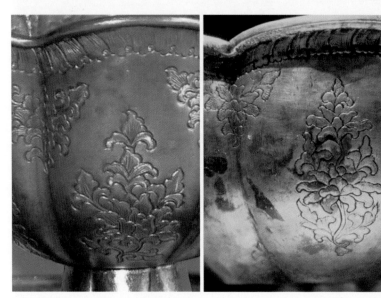

[도5]　탁잔의 음각무늬 비교(오른쪽, 국립중앙박물관 소장품)

나 금속기로도 많이 만들어진 것으로 추정된다. 전래된 유물은 도자기 탁
잔의 수량이 월등히 많고 청동이나 은으로 만든 후에 도금한 유물도 몇
점 전해지고 있다. 도자기탁잔의 경우에 고려 초기부터 고려 말에 걸쳐 전
시대의 작품이 많이 남아 있고 수준 높은 관요청자와 일반적인 조질청자
粗質靑磁의 받침잔이 상존하는 것으로 보아 고려시대에 신분의 구분 없이

[도6] 잔받침 모란타출무늬 비교(아래, 국립중앙박물관 소장품)

[도7] 백제와 남북국시대 신라의 받침잔
1 은제받침잔(무령왕릉 출토, 백제) 2 녹유받침잔(남북국시대 신라)
3 청동제받침잔(고창 봉덕리 출토, 백제) 4 청동제받침잔(황해도 평산 출토, 남북국시대 신라)

차문화를 즐겼다는 것을 알 수 있게 해준다. 실제로 고려왕실에는 차를 전
담하는 기구인 다방茶房을 설치하고 왕이 행차할 경우에는 수행하는 다군
사茶軍士를 두는 등 차는 생활의 필수요소로 자리 잡았다. 왕실의 차문화
는 당시 국교國敎였던 불교와 함께 사찰에도 영향을 주어 사찰 주변에 다
촌茶村이 형성될 정도로 번성하였으며 지방 호족들을 중심으로 전국적으
로 번져 일반 백성들 사이에서도 다소茶所나 다점茶店이 생겨났다.

1123년에 고려를 방문한 송나라 사신 서긍徐兢(1091년~1153년)의 사행

[도8] 청자와 청동제받침잔의 여러 종류

록使行錄인 『선화봉사고려도경宣和奉使高麗圖經』에는 고려국 왕실의 접빈다
례接賓茶禮에 대해 기술되어 있다.

하루 세 번 사신에게 차를 대접하는데 뜰 가운데서 차를 끓인 후 순서대로 차를
돌린다. 차를 다 돌릴 때까지 기다리다가 함께 마시는데 기다리다가 차를 마실
때쯤이면 식어서 맛이 없다.

[도9] 잔받침의 보존처리 전(위), 후(아래)

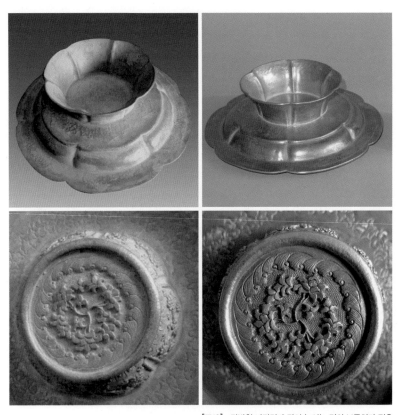

[도10] 잔받침 바닥면과 잔이 놓이는 면의 보존처리 전후

왕실에서 사신에게 하루 세 번씩 차를 대접했을 정도로 차문화를 중요
시했고 차를 다 돌릴 때쯤 차가 식어버린다는 것은 적어도 수십 명의 대
신들과 함께 차를 마셨다는 뜻이다.

고려시대에는 왕실, 사찰, 지방 호족, 일반 백성에까지 생활화된 차문화
의 발전은 아울러 다도구茶道具의 생산을 촉진시키고 신분에 맞는 기물器
物이 제작되었는데 높은 신분의 왕족과 귀족들은 화려한 금은기나 관요청
자를 선호하였을 것이다.

이 은제도금모란무늬받침잔[도9]은 금도금 위에 묻어 있던 소량의 유기

[도11] 잔이 놓이는 면의 섬세한 조각

물과 침착물을 제거하고 불순물만 닦아냈는데도 워낙 유물의 상태가 양
호하여 원형을 잘 유지하고 있다. 고려시대 야금冶金과 공작工作을 전담하
던 관청인 장야서掌冶署에서 왕실을 위해 특별히 제작된 것으로 보인다.
은광석의 채굴에서 제련, 세공, 금도금까지 금속을 마치 점토 다루듯이 능
수능란하게 만질 수 있었던 것은 수많은 공정을 끊임없이 개발하고 발전
시킨 고려의 장인만이 가능했고, 아울러 후세에 남길 수 있는 명품을 탄생
시키는 결과도 얻을 수 있었다.

백자청화 '기사윤구월' 명산수인물무늬항아리

白磁青畵 '己巳閏九月' 銘山水人物文有蓋壺

조선시대(1509년) | 항아리높이 21cm 입지름 15cm 굽지름 14cm
뚜껑지름 13.5cm 뚜껑높이 5.8cm 총 높이 25.5cm

'기사윤구월己巳閏九月'은 1509년으로 연산군을 폐위시키고 반정反政의 공신들이 조정을 마음대로 움직이며 활개 치던 중종 4년의 가을이다. 9월 5일(갑자) 밤에는 천둥과 번개를 동반한 우박이 쏟아지고 민심이 흉흉해지자 반정의 주모자와 방관자인 영의정 유순, 좌의정 박원종, 우의정 유순정이 중종에게 사직辭職을 청하였다. 물론 중종이 받아들이지 못할 것 이라는 것을 예상한 사직이었다. 반정이 성공한 지 4년이나 되었지만 백성들의 삶은 예전과 다를 바 없었고 정치 역시 공신들의 이전투구로 더욱 혼란스러워졌다.

이러한 정치상황에도 불구하고 건국 이래로 발전을 거듭한 도자기 생산기술은 새로운 기반이 잡혀가면서 명나라 경덕진 백자의 틀을 벗어나 조선백자 정립의 발판을 마련하게 되었다. 특히, 조선 초기 관요백자官窯白磁에 청화안료青華顏料로 무늬를 그려 넣는 경우(青畵白磁)는 매우 드물었는데 중국에서 수입하던 청화안료(回回青)의 가격이 같은 무게의 금값보

[도1] 백자청자'기사윤구월'명산수인물무늬항아리의 여러 면(86쪽~89쪽)

06 백자청화'기사윤구월'명산수인물무늬항아리

[도2] 뚜껑 겉면의 보상화무늬와 안쪽면

다 비쌀 정도였기 때문에 왕실에서도 특별한 경우에만 생산하였다.

성현成俔(1439년~1505년)은 『용재총화慵齋叢話』에서 "세종 때 어기御器는 백자를 사용하고 세조대에 이르러 채자彩磁를 섞어 사용하였는데 중국 회회청을 구해 준樽, 앵罌, 배盃, 상觴에 그리니 중국 것과 다르지 않았다"라고 하였다. 15세기 중반이 되어서야 청화백자가 어기로 생산되기 시작하였고 그만큼 청화백자의 생산량 자체도 적었기 때문에 현재까지 남아 있는 유물의 수량은 더욱 희소하다는 것을 입증하는 글이다.

현존하는 조선 초기의 청화백자는 소량이지만 항아리, 병, 접시, 잔, 연적, 합, 묘지석 등 형태는 다양한 편이다. 그러나 소품을 제외한 조선 초기 청화백자항아리에 뚜껑까지 온전한 형태를 갖춘 기물器物은 현재까지 두 점만이 알려져 있다. 국립중앙박물관의 백자청화매조죽문유개항아리白磁青畵梅鳥竹文有蓋壺(국보 제170호)와 호림박물관의 백자청화매죽문유개항아리白磁青畵梅竹文有蓋壺(국보 제222호)[도4]이다.

조선 초기 청화백자항아리는 국내와 해외에도 몇 점이 있으나 모두 뚜껑이 결실된 상태이다. 이러한 상황에서 조선 초기에 제작된 청화백자유개항아리[도1]를 지면을 통하여 처음으로 소개한다. 개인이 소장한 유물로는 세 번째인 조선 초기 청화백자유개항아리가 밝혀지는 셈이다. 그리고 이전의 두 유물만큼 귀한 이유가 이 유물 속에 내재해 있다. 대부분의 조선 초기 청화백자의 무늬가 대나무, 매화, 소나무, 물고기, 새, 꽃, 용 등 자연의 소재인데 비해 이 유물은 백자청화송죽인물문호白磁青畵松竹人物文壺(보물 제644호, 이화여자대학교박물관 소장)처럼 산수인물도山水人物圖가 그려져 있고 더불어 2행 10자의 명문[도5]까지 몸체의 윗부분에 전서체篆書體로 명기되어 있다.

"안상금장재枕上琴長在, 존중주불공尊中酒不空" 즉, "평상 위에는 거문고

[도3] 백자의 세부표현
1 거문고와 악보 책 **2** 술항아리 **3** 바위와 나무 **4** 산의 원경

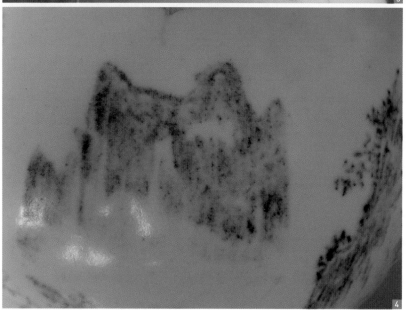

[도4] 뚜껑이 있는 조선 초기 청화백자항아리 2점(호림박물관, 왼쪽–국립중앙박물관, 오른쪽)

[도5] 항아리몸통의 명문

[도6] 굽바닥의 명문

[도7] 인물화(술을 주고받는 도인과 동자)

가 놓여 있고 술항아리에는 술이 가득하네."라는 뜻이다. 실제로 잔을 건네는 노인 뒤에 동자童子가 있고 무성한 가지의 소나무 그늘 아래 평상에는 거문고와 악보로 보이는 책이 놓여 있다. 그 옆에는 국자가 담겨 뚜껑이 열린 항아리와 뚜껑이 닫혀 있는 술항아리가 나란히 있어서 조금 전에 술을 퍼서 바로 건네는 모습으로 느껴진다[도7].

술항아리 옆에는 술잔과 접시에 담긴 음식도 가지런히 놓여 있고 그 뒤로는 괴석을 품고 있는 작은 나무의 잎이 무성하며 멀리 보이는 산수의 경치도 그려 넣었다. 이 그림은 전형적인 조선 초기의 산수화로 소나무 가지를 표현한 것에서 보이며 여백 없이 세필細筆로 청화안료의 농담濃淡을 조절하여 정성껏 그렸다. 그림의 전체적인 구도와 인물배치 및 묘사가 도화서圖畵署 화원의 마하파馬夏派 계통 화풍畵風으로 추정되며 조선 초기 회화사 연구에도 중요한 자료이다. 조선 초기 산수인물도가 그려진 청화백자는 일본에도 한 점이 있는데 지름 19.4cm의 전접시인 백자청화산수인물문명白磁靑畵山水人物文皿[도8]이다. 나귀 탄 노인과 두 명의 동자가 산수를 배경으로 운치 있게 그려진 명품으로 현재까지 전해지고 있다(『이조의 명』, 오사카동양도자미술관, 1991년, 6쪽).

백자청화‘기사윤구월’명산수인물무늬항아리의 어깨와 접지부분에 장식적인 종속문양은 사라지고 주문양만 표현되었다. 입구부분도 직립한 기형器形에서 바깥으로 말린 기형으로 조선화朝鮮化되어가는 모습이다. 뚜껑도 항아리 입주변을 완전히 덮는 형식으로 명나라 경덕진백자의 뚜껑 모양을 탈피하였다. 꽃봉오리를 그린 보주형寶珠形 꼭지가 달린 덮개식으로 표면에는 넝쿨꽃무늬를 능숙한 솜씨로 그려 넣었다. 몸체와는 별도로 번조燔造하였으며 뚜껑 안쪽 면[도2]에는 11곳의 받침자국이 원형으로 가지런히 남아 있다.

몸통의 굽바닥은 가운데 부분이 약간 올라와 있으며 번조할 때 갈라진 틈이 있고 굽에는 모래받침의 흔적이 남아 있으나, 번조 후에 매끈하게 갈아 내었다. 굽바닥에는 청화로 쓴 “기사윤구월己巳閏九月, 주취향면수酒酔鄕眠叟”의 2행 10자의 명문[도6]이 있는데 “기사년 윤9월(1509년), 주인은 술에 취해 별천지에서 잠든 노인”이라는 뜻으로 이 도자기의 정확한 생산연도를 기록해 놓았다. 조선 초기 도자사와 회화사의 편년기준이 되는 중요한 유물이다. 그동안 조선 초기 청화백자 중 제작연도가 확실한 작품은 두 점뿐이었기 때문이다. 백자청화‘홍치2년’명송죽문호白磁靑畵‘弘治二年’銘松

[도8] 백자청화'홍치2년'명송죽문호(왼쪽)와 백자청화산수인물문접시(일본소재, 오른쪽)

竹文壺(국보 제176호, 동국대학교박물관 소장)와 백자청화'정식'명매화문접시
(白磁青畵'鄭軾'銘梅花文皿, 간송미술관 소장)이다.

항아리의 입구부분이 1cm 정도 떨어져 나갔으나 그 밖의 보존상태는
양호하다. 철분을 잘 걸러낸 하얀 백토의 태토胎土에 담청색 유약이 골고
루 시유施釉되어 있고 빙렬은 없다. 청화안료의 농담을 조화롭게 사용하여
산수인물도를 그려낸 최상품의 왕실 관요자기官窯磁器이다. 15세기 경기
도 우산리牛山里, 무갑리武甲里, 벌을천伐乙川, 도마치道馬峙 부근의 관요백
자 제작 이후에 16세기 번천樊川, 도마치道馬峙 부근의 왕실관요王室官窯에
서 제작된 것으로 추정된다.

이 백자청화'기사윤구월'명산수인물문유개호는 국보급 문화재이다. 조

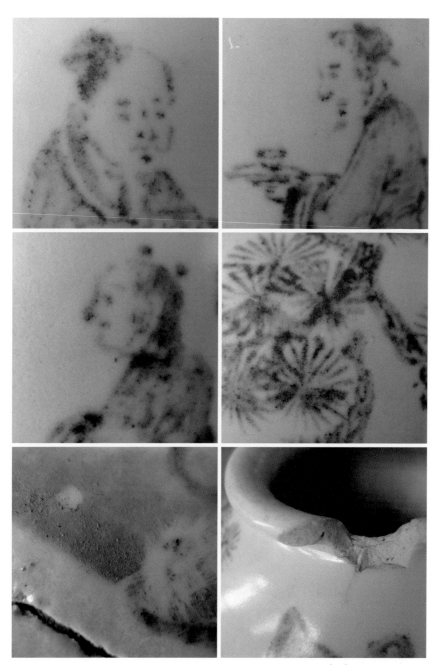

[도9] 항아리 세부표현 확대

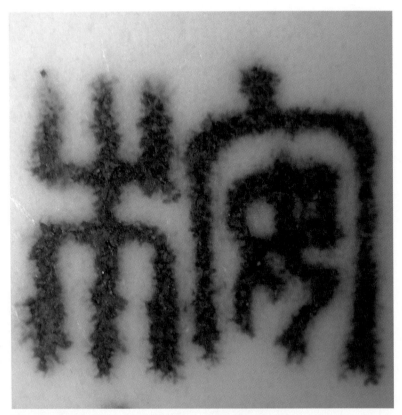

[도10] ‘안(桉)’ 자의 확대

[도11] 항아리의 내부와 외부

[도13] 항아리의 입구

선 초기에 생산된 청화백자는 제작 수량도 적은 데다, 뚜껑까지 갖춘 3점의 항아리 중 한 점이고, 청화백자 산수인물도가 그려진 3점 중 한 점이며, 제작연도가 확실한 3점의 유물 중 한 점으로 높은 예술성과 학술성, 희소성을 모두 갖춘 유물이기 때문이다. 그동안 알려지지 않았던 새로운 문화재의 발표는 전공자나 비전공자의 구분 없이 국민 모두의 관심 대상이된다. 올바른 연구와 온전한 보존만이 후손들에게 남겨진 권리이자 의무인 것이다.

문화재는 개인이나 사립기관, 국가기관 등에 제한을 받지 않고 어느 곳에서든 소장할 수 있다. 그리고 개인끼리의 매매도 가능하다. 그러나 문화

[도14] 뚜껑 덮은 항아리의 윗 모습

재를 소유하지 않은 일반인도 누구나 문화재를 관람할 수 있는 권리가 있다. 소유권과는 별개로 문화재는 민족의 공동유산이기 때문이다. 중요한 문화재는 국가에서 국보나 보물로 지정하여 소장처에 관계없이 별도로 감독과 관리를 꾸준히 하고 있다. 중요한 문화재의 영구보존을 위하여 국가가 관리를 하는 좋은 제도이다. 이제는 한 걸음 더 나아가 국가가 알려지지 않은 문화재도 능동적으로 찾아서 연구하고 보존할 수 있는 방법을 생각할 때이다.

신라목조삼존불감

新羅木彫三尊佛龕

남북국시대 신라 | 높이 22.3cm 가로 폭 13cm

현존하는 목조불감木彫佛龕 중에서 가장 오래된 유물은 1962년에 국보 제 42호로 지정된 송광사松廣寺 보조국사普照國師 목조삼존불감木彫三尊佛龕으로 당唐나라에서 8세기~9세기에 제작한 작품으로 추정된다. 그러나 보조국사 목조삼존불감이 우리나라 작품은 아니다. 그 이유는 불감의 재료가 백단목白檀木(흰박달나무)으로 우리나라에서 자생하지 않는 나무이고 불감 조각의 도상圖像이 중국 당나라의 도상과 거의 일치하며 일본에도 당나라에서 수입된 같은 계통의 목조삼존불감이 전세傳世되고 있기 때문이다. 송광사 목조삼존불감은 신라시대 중국 당나라에서 수입한 것으로 여기지만, 언제부터인가 고려시대 보조국사 지눌知訥(1158년~1210년)의 원불願佛로 구전되어 오고 있다. 6·25전쟁 때에는 약탈자들의 눈을 피하여 작은 단지에 넣어져 오이밭 땅속에 숨겨지는 우여곡절을 겪기도 하였다.

일본에는 송광사의 목조삼존불감과 같은 계통으로 중국 당나라에서 수입한 목조삼존불감 2점이 전해오는데, 삼중현三重縣의 개인소장품 목조삼

[도1] 국보 제42호 보조국사 목조삼존불감(송광사 성보박물관)

존불감[도2]과 금강봉사金剛峯寺에 소장된 목조삼존불감[도3]이다. 불감의 재료는 송광사 것과 같은 백단목으로 불감을 닫으면 팔각주八角柱 형태이다. 겉면 상단부에 넝쿨무늬장식이 조각되어 있고 경첩장식까지 거의 동일하다. 송광사의 불감은 삼중현의 개인소장품처럼 크기가 작고 금강봉사의 삼존불은 높이 23cm로 큰 편에 속한다. 일본에 전해진 당나라의 목조불감 2점과 송광사 목조삼존불감은 모두 중국 당나라의 작품으로 비슷한 시기에 한국과 일본으로 전래된 것으로 보인다.

지금까지 우리나라 목조불감[도4]은 조선시대 이전의 것은 알려진 사례가 없었고 남아 있는 유물은 거의 조선 후기의 유물뿐이었다. 그런데 우리나라 목조불감의 제작연대를 신라시대까지 끌어올려줄 목조불감을 실견 조사하여 처음으로 소개한다. 국내 개인소장품 목조삼존불감[도5]이다. 이

[도2] 일본 삼중현의 목조삼존불감

[도3] 일본 금강봉사 목조삼존불감

[도4] 목조불감(중국, 원) 월정사 목조삼존불감(조선 18세기)

[도5] 신라목조삼존불감

07 신라목조삼존불감

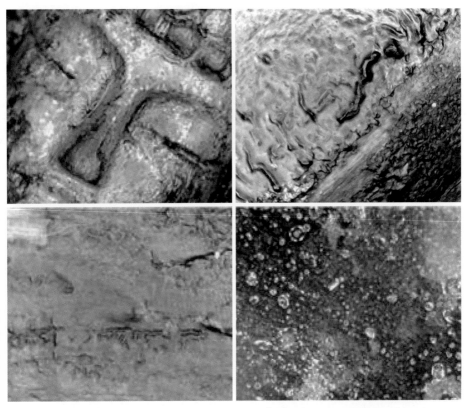
[도6] 옻칠의 변색된 부분과 현미경사진(200배)

목조삼존불감의 재료는 우리나라에서 흔히 자생하는 소나무이다. 우리나라 소나무는 건축재나 조각용재彫刻用材로 많이 사용되어 왔다. 박달나무에 비하여 강도가 약하기 때문에 조각은 용이하지만 쉽게 부러지거나 해충에 약하다. 이런 단점을 보완하기 위하여 옻칠을 사용하였다. 옻칠은 고조선시대부터 청동검의 칼집이나 나무그릇, 악기제작 등의 실생활에 도료로 사용하였으며 방수, 방충, 방부의 효과를 얻을 수 있기 때문이었다.

소나무로 만든 목조삼존불감이 천 년 넘게 보존된 것은 불감의 겉면과 속면을 옻칠로 여러 번 두껍게 칠한 덕분이다. 그러나 목조삼존불감의 일

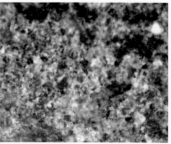

[도7]　목조불감의 청동경첩과 경첩을 현미경으로 확대한 사진(200배)

부분[도6]은 오랜 세월에 걸쳐 옻칠의 검은색이 탈색되어 누렇게 변하고 목재가 훼손되는 아쉬움이 남았다.

　불감의 경첩[도7]은 모두 다섯 개로 불로초장식不老草裝飾이고 청동으로 제작되었다. 중국의 경첩보다 더 세련되었고 하나의 경첩에 10개의 청동 못으로 견고하게 고정시켰다. 정면의 경첩은 송광사의 목조삼존불감처럼 개폐식開閉式이 아니고 일본 금강봉사의 목조삼존불감처럼 봉합식封合式으로 불탑이나 부처님의 복장용으로 제작된 것으로 생각된다.

　이 목조삼존불감의 표면에는 붉은색 비단으로 감싸서 봉안했던 흔적으로 아직도 붉은 천 조각이 붙어 있으며 옻칠의 일부는 오랜 세월에 걸쳐 눌린 섬유직조纖維織造 흔적[도8]이 남아 있다.

　목조삼존불감의 크기는 높이가 22.3cm이고 바닥 폭이 가로13cm, 세로 9.5cm로 송광사의 목조삼존불감보다는 훨씬 크며 일본 금강봉사의 목조 삼존불감과 비슷하다. 불감을 닫았을 때는 팔각주 형태의 중국 것(송광사 목조삼존불감, 일본 금강봉사 목조삼존불감, 일본 삼중현 목조삼존불감)과는 다르게 둥근기둥모양이다.

　이 목조삼존불감[도5]은 일본 진언종의 공해대사空海大師가 806년경에 당으로부터 들여와서 현재 일본 금강봉사에 모셔진 목조삼존불감과 세부

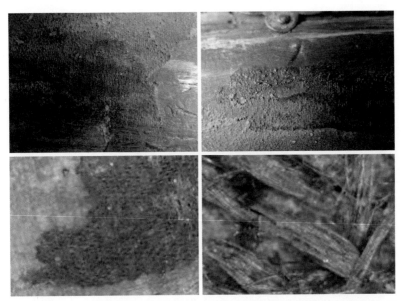

[도8] 붉은 천과 섬유조직의 확대사진(현미경200배)

적인 조각의 기법과 도상圖像은 완연히 다르지만 전체적인 형식은 비슷한 계통으로 보인다. 일본 삼중현의 목조삼존불감과 금강봉사 목조삼존불감을 보면, 제일 아랫단에는 네모의 틀 속에 악귀惡鬼를 배치하여 악귀를 딛고 선 모습으로 그 위에 향로香爐와 사자獅子를 불상의 대좌 옆에 배치하였다. 또 여래상과 보살상의 천장에는 천개天蓋를 장엄裝嚴하였는데 휘장형식의 천개는 두 불감이 거의 같기 때문이다. 양쪽 좌우불감左右佛龕의 천개는 파손되어 일부만 붙어 있지만 역시 같은 양식으로 보인다. 불감 속의 여러 도상들은 한국과 중국의 조각기법 차이가 완연하며 도상의 배치와 내용도 완전히 다르다. 그러나 세부적인 조각기법은 모두 정교한 투조透彫, 환조丸彫, 부조浮彫로 이 목조각기법을 총동원하여 정성스럽게 제작하였다.

이 목조삼존불감의 표현양식은 삼세불三世佛이며 중심이 되는 가운데

[도9] 목조삼존불감의 좌우협시불감

불감의 본존불本尊佛은 경주석굴암 본존불과 같은 아미타여래상이다. 우
견편단右肩遍祖으로 법의法衣는 오른쪽 어깨를 벗고 왼쪽 어깨에 가사袈裟
를 걸쳤다. 왼손은 손바닥을 위로하여 결가부좌한 두 발위에 편안히 올려
놓고 오른손은 무릎 밑으로 자연스럽게 내려놓은 항마촉지인降魔觸地印으
로 이것은 악마의 유혹을 물리치며 땅의 신神을 가리키는 수인手印이다.
석가모니가 보리수 밑에서 득도得道할 때 악귀의 유혹을 물리친 증인으로
땅의 신을 불러서 자신의 깨달음을 증명하였다는 것에서 유래한다.

이는 석가모니가 깨달음에 이르는 순간을 상징하는 수인으로 결가부좌
한 불상에서 나타난다. 머리 위에는 높은 육계肉髻와 커다란 나발螺髮을 표

[도10] 신라목조삼존불감의 외형

[도11] 본존불감의 측면

현하였으며 근엄하고 자비스러운 상호相好이다. 벌어진 어깨와 풍만한 신체에 약간 잘록하게 허리를 표현하였고 목에는 공덕과 번뇌를 나타내는 삼도三道의 흔적이 있다. 앙련과 복련의 대좌 위에 결가부좌한 아미타여래상을 중심으로 성문聖聞인 가섭迦葉과 아난阿難을 배치하였고 그 뒤로 협시보살상과 신장상 등을 차례로 배치하였다.

특히, 왼쪽 불감의 비로자나여래상[도9]은 우주만물의 창조신이며 윤회輪回의 상징인데 중국이나 일본에는 없는 우리나라만의 독창적이고 대표적인 여래상이다. 남북국시대 신라 화엄종에서 8세기부터 제작되기 시작하여 9세기~10세기에 널리 유행하였으며, 화엄종의 주불主佛로서 오른손은 주먹을 쥐고 검지를 세워 그 끝마디를 왼손으로 감싸 쥐고 있는 지권인智拳印의 수인을 하고 있다. 오른쪽 불감은 중앙의 아미타여래상을 중심으로 양옆에 협시보살상을 두고 아래로는 사자상과 향로를 배치하였으며 제일 밑에 악귀상惡鬼像을 별도로 배치하였다.

좌우불감의 본존불 대좌는 받침이 원형으로 되어있으나 중앙 본존불의 대좌받침은 생략되었다. 각 불상의 광배는 거신광擧身光으로 광심光心에는 연꽃무늬를 새긴 다음 넝쿨무늬를 돌렸으며 외광外光은 활활 타오르는 불꽃 무늬를 정교하고 화려하게 조각하였다.

목조삼존불감 안에 표현된 도상들은 가운데 불감에 13상, 왼쪽 불감에 8상, 오른쪽 불감에 8상으로 모두 29상이다. 이 상들은 여래상과 협시보살, 성문, 사자, 악귀, 역사상으로 서로가 그 존격尊格을 달리 하지만 각 도상의 성격에 맞게 입체적으로 조각되어 작은 불감 속에서도 우주만물의 온 세상을 잘 담아내고 있어 남북국시대 신라인들의 불교관을 엿볼 수 있다. 일본 금강봉사의 목조삼존불감이 806년경에 들여온 것으로 알려진 점과 불감佛龕 속 도상의 배치와 조각기법 등을 고려하면 9세기경에 제작된

[도12] 본존불감의 도상과 대좌 아래의 사자와 악귀

[도13] 비로자나불(위), [도14] 아미타여래불(아래)

[도15] 불감을 펼친 모습

[도16] 옻칠과 비단의 잔존상태

[도17] 삼존불감의 경첩

남북국시대 신라의 목조삼존불감으로 추정된다.

그동안 실물은 물론이고 우리나라의 문헌에서도 전혀 찾아볼 수 없었던 신라시대의 목조삼존불감이 생생한 모습으로 등장하였다. 해외의 개인소장가로부터 입수하여 이제는 고향으로 돌아와 후손들의 품에 터를 잡게 되었다. 그동안 수많은 우여곡절이 있었지만 결국에는 여러 사람들의 헌신적인 도움으로 제자리를 찾은 것이다. 과연 이 신라목조삼존불감은 그토록 소망하던 천여 년 만의 아름다운 귀향을 이루게 된 것일까?

한 송이 꽃을 표현한 몸통에 용龍의 머리를 손잡이로 만든 은잔銀盞이다. 이 은잔은 주조틀에 부어 성형하지 않고 두꺼운 은판을 꽃의 전개도 형태로 만든 다음에 꽃잎을 위로 세워 올려서 용접하였다. 용머리손잡이는 별도로 주조하여 꽃잎 사이의 골에 붙이는 매우 정교한 기술이 필요한 기법으로 제작되었으며 꽃잎의 골마다 용접 흔적을 볼 수 있다. 안타까운 현실은 고려시대 장인들이 어떤 방법으로 은판을 만들고 용접을 했는지 알 수 없고 다만 제작기법의 확인만 가능하다는 것이다.

은잔의 무늬는 잔의 안쪽바닥과 몸통에 해당하는 6엽의 꽃잎과 손잡이인 용머리 두 부분으로 나누어지는데, 털끝처럼 가늘고 섬세하게 조각을 하는 모조기법毛彫技法으로 무늬가 새겨져 있다. 안쪽바닥의 무늬는 불교에 등장하는 전설의 꽃인 커다란 보상화寶相華 한 송이를 새겼는데 신라시대 보상화문전寶相華文塼의 무늬와 유사하다. 몸통의 외부에는 상단에 어자魚子무늬 바탕으로 넝쿨무늬를 둘렀으며, 꽃잎의 각 면에는 빼곡한 어자

[도1] 용머리은잔의 안쪽면과 바닥면

무늬를 바탕으로 새와 꽃가지, 구름, 풀꽃 등을 새겼다.

　문양의 바탕에 어자무늬를 새기는 이유는 표현하고자 하는 문양의 또렷한 효과를 보기 위해서인데 특히 고급품을 제작할 경우에 치밀하고 정연한 어자무늬를 바탕에 새긴다. 삼국시대의 금속 유물부터 사용된 어자무늬는 남북국시대 신라에 정점을 이루고 고려시대를 거쳐 조선 후기까지 맥이 이어진다.

　날아가는 새는 날개 깃털과 눈, 가슴털, 꼬리의 깃털까지 정교하게 조각하였고 작은 공간에까지도 풍부한 자연의 무늬를 적절하게 배치하였다. 이렇게 가늘고 섬세한 조각은 날카로운 삼각정이나 모정을 사용하는데 조각된 선의 간격이 일정하고 평행으로 잡혀 있어야 한다. 손잡이의 용머리[도3]는 눈, 이빨, 비늘, 수염, 눈썹, 뿔까지 빠짐없이 섬세하게 조각하였다. 평면인 잔 안바닥의 조각을 제외하고는 잔의 몸통과 손잡이 부분의 용머리 조각은 곡면이라 조각하기가 매우 까다로워서 능숙하고 정교한 기술을 갖지 않고서는 도저히 할 수 없는 것으로 고려 왕실의 금은기金銀器 제작관청인 장야서에서 특별히 제작한 것으로 추정된다. 국립중앙박물관에 이 은잔과 같은 계통의 용머리은잔이 전시되고 있어서 좋은 비교대상이 된다[도2].

　이 용머리은잔 역시 출토지는 알지 못하고 12세기경에 제작된 것으로 추정된다. 용머리의 손잡이와 꽃모양 몸통의 상단부, 안쪽바닥의 꽃부분에 부분도금을 하였으나 몸통의 형태가 세련되지 못하며 몸통의 안쪽바닥과 꽃잎의 상단에는 점열무늬로 간략하게 찍어 냈으나 조각기술은 세련되지 못하다.

[도2] 용머리은잔과 몸체의 무늬(국립중앙박물관)

[도3] 옥석제용두잔(중국, 송대)

[도4] 모조기법을 사용한 섬세한 조각

[도5] 여러 종류의 청자용머리잔

용머리잔은 금, 은보다 도자기인 청자靑磁로 더욱 많이 만들어져서 전해지는데 그 대부분이 고려 후기에 제작된 청자[도5]이다. 또한 장방형의 잔 받침에 2개가 한 쌍을 이루어 제작된 청자용머리잔(靑磁龍頭杯)이 있는데 금속기를 포함한 모든 용머리잔이 한 쌍씩 제작되었는지는 좀 더 면밀한 연구가 필요하다.

중국도 이러한 형태의 용머리잔[도3], [도6]이 도자기, 금속, 옥 등 다양한 재료로 만들어 진다. 주로 송宋, 요遼, 원元 시대에 만들어지고 유물도 많이 남아 있으나 무늬의 정교함에 있어서 고려의 것보다 많이 떨어진다. 특히 어자무늬를 사용한 섬세한 조각은 찾기 어렵다. 일반적으로 용머리잔의 시원을 중국으로 보는 경우가 많으나 확실하지 않다. 중국의 영향을 받아 고려 후기에 만들어졌다고 여겨왔지만, 이 용머리은잔[도4]은 남북국시대 신라에서 유행하던 앵무새 무늬와 자연의 풀꽃, 구름, 보상화무늬 등을 주제로 조각하여 적어도 신라 말~고려 초의 작품으로 생각되기 때문이다. 따라서 우리나라 용머리잔은 중국의 송, 원 시대보다 이른 시기에

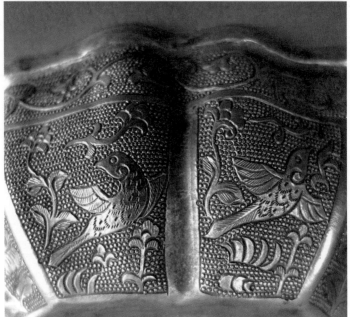

[도7] 날아가는 새무늬(섬세한 모조기법)

[도8] 용머리부분의 확대

제작된 것으로 볼 수 있으며, 이 유물은 지금까지 발견된 용머리잔 중에서 가장 이른 시기에 제작된 것으로 생각된다.

용은 상상의 동물이지만 고대사회부터 그 상징성이 매우 크다. 용은 우주만물의 신성한 질서를 상징하는 최고의 동물로 국가의 수호와 왕실의 조상신으로 제왕의 권력을 상징한다. 그래서 왕실의 건축물이나 제왕의 장신구, 의복, 무기, 마구, 등의 기물에는 용무늬를 새겨 넣으며 용안容顔, 용루龍淚 등 왕의 신체용어는 물론이고 왕과 관련된 도구들의 이름도 용상龍床, 용포龍袍 등 용과 직접 연관 지어져 있다. 즉 왕은 용이다.

고려시대 금은기를 제작하던 국가의 관청인 장야서에서 제작된 것으로 추정되는 이 용머리은잔(銀製龍頭花形杯)의 주인은 누구였을까? 왕을 상징

[도9] 용머리은잔 안쪽바닥의 보상화무늬

하는 용의 문양은 약간 범위를 넓혀서 왕을 포함한 왕족까지는 사용했을 것으로 생각되지만 왕권이 약화되는 '무신의 난' 이후부터는 왕국의 기강이 흐트러져 권력을 잡은 자들도 마음대로 사용했을 것이다.

금이나 은으로 제작된 용머리잔은 현존하는 유물이 겨우 몇 점에 불과하다. 그리고 모두 제작시기가 고려 중기 이후로 비정되었으나 이 용머리은잔의 출현으로 용머리잔의 제작시기를 고려 초기로 충분히 올려 볼 수 있게 되었다. 이제부터라도 용머리잔의 중국기원설을 재검토해야 할 필요가 있다.

청동상감'정진대사'명 세발항아리
靑銅製象嵌'靜眞大師'銘三足壺

고려시대 (1337년) | 높이 38cm 입지름 21cm

연구자들이 해외답사를 할 경우 대부분 그 나라의 문화유적을 탐사하는 목적으로 최대한 많은 것을 보고 얻기 위해 빈틈없이 답사일정을 세운다. 많이 볼수록 많이 얻는다고 생각하기 때문이다. 당연한 생각이다. 그러나 현장에서 중요한 문화재를 접했을 때 조사할 수 있는 시간은 있지만 감상하고 느낄 시간이 없다는 아쉬움도 있다.

필자는 해외답사를 할 때 대부분 해외에 있는 우리나라 문화재 조사가 우선이고 답사기간이 짧아도 항상 하루 이틀 정도의 여유시간을 마련해 놓는다. 박물관이나 공공기관에 소장된 유물의 조사는 사전에 약속된 일정에 따라 일이 진행되지만 개인소장유물을 조사할 경우는 여러 가지 상황의 변화를 예측하기 힘들기 때문이다. 이번 유물 역시 귀국 당일에 급히 조사가 성사되어 헛걸음을 간신히 면한 사례였다.

이 항아리는 둥근 몸통으로 양옆에는 동물얼굴모양의 손잡이가 달려 있고 세 개의 다리는 중심을 잘 지탱하도록 밖으로 약간 벌어져 있다. 항아리의 높이가 38cm이고 입지름이 21cm로 제법 크고 일반적으로 볼 수 있는 기물이 아니다. 이 유물을 조사하기 위하여 지인에게 부탁한 이유는 항아리 몸통에 새겨진 명문[도1]의 중요성 때문이었다. 몸통에는 "지원삼년정축至元三年丁丑", '봉암사대사정진鳳岩寺大師靜眞"이라는 명문이 양쪽 손잡이의 옆에 세로로 상감象嵌되어 있는데 당연히 '봉암사鳳岩寺'와 '대사정진大師靜眞'이 눈길을 끌었다.

봉암사는 경상북도 문경에 있으며 신라 구산선문九山禪門 중에 하나다. 신라 헌강왕(879년)때 지증대사智證大師(824년~882년)(가 창건하였고 고려 태조 8년(935년) 정진대사靜眞大師가 중창하여 많은 고승高僧을 배출하였다. 현재는 조계종의 특별수도원으로 평상시에는 일반인의 출입이 제한되어 있어서, 매년 부처님 오신 날 단 하루만 개방하기 때문에 전국의 신도信徒

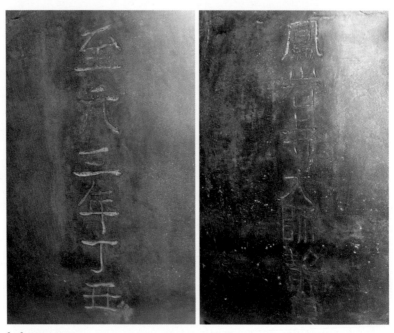

[도1] 항아리의 명문

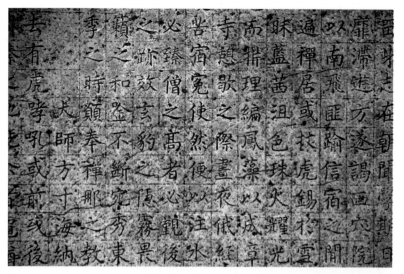

와 관광객 등이 하루에도 1만여 명이 넘게 찾는 유명한 사찰이다. 점심 공양의 쌀만 15가마가 넘고 공양시간이 오전 11시부터 오후 4시까지 5시간이나 되며 사람들로 인산인해를 연출한다. 그리고 조계종의 특별수련도량으로 스님들의 동안거冬安居나 하안거夏安居 때는 전국에서 100여 명의 승려들이 모여들어 수련한다.

그러면 정진대사는 누구일까? 바로 신라 말에서 고려 초에 활약한 승려인 긍양(兢讓, 878년~956년)이다. 그는 25년간 중국 당나라에서 유학하고 신라 경애왕 때 돌아와 봉암사를 중창하였다. 고려시대에는 태조, 혜종, 정종을 선문禪門에 들게 하였으며 왕조의 교체로 인한 혼란기에도 불교중흥에 큰 역할을 하였다. 79세로 입적하여 고려 광종 16년(965년)에 '정진靜眞'의 시호를 받았다. 정진대사원오탑비靜眞大師圓悟塔碑[도2]와 정진대사원오탑靜眞大師圓悟塔이 봉암사에 건립되었으며 각각 보물 제171호, 보물 제172호로 지정되어 현재까지 잘 보존되고 있다.

[도3] 몸통바닥의 그을림 부분(상), [도4] 항아리의 동물형손잡이(하)

항아리의 몸통에 또 한 줄 새겨진 '지원삼년정축至元三年丁丑'은 고려 충숙왕 때인 서기 1337년으로 '지원至元'은 원나라 혜종의 연호年號이다. 그러면 정진대사가 입적入寂한 지 381년 후에 이 항아리가 만들어진 것으로 정확한 용도는 알 수 없으나, 정진대사를 추모하는 기물器物로 만들어진 것은 확실하다. 즉, 신라 말부터 고려 초까지 활약하던 정진대사가 381년 후인 고려 말까지도 계속해서 존경받고 고려시대의 불교계에 큰 영향을 주었다는 것을 알 수 있다.

항아리의 밑바닥[도3]은 오랜 기간 불길에 닿은 흔적이 남아 있지만 처음부터 불에 올려놓고 사용한 조리기구로는 보이지 않으며 전세傳世되는 과정에서 용도가 변한 것으로 보인다.

커다란 항아리형태의 몸통은 주물이 아니고 네 장의 기다란 청동판을 두드려서 접합하여 만드는 일종의 방짜기법이 사용되어 매우 특이하며 입술부분은 밖으로 짧게 말아 두들겨서 접었다. 손잡이[도4]와 다리[도5]는 수면獸面 모양으로 별도 주조鑄造하여 청동못으로 몸체에 고정하였다. 특히 동물얼굴무늬 손잡이는 입을 벌리고 활짝 웃는 모습으로 해학적이며 동네에서 흔히 볼 수 있는 강아지처럼 친근하다, .

얼굴의 두 귀와 턱 아래 수염에 청동못으로 몸체와 연결하여 고정시켰다. 다리는 밖으로 약간 벌어진 동물얼굴모양으로 3개를 붙였는데, 다리 속이 빈 주물로 따로 제작하여 두 개의 청동못으로 몸체에 고정시켰으며 생김새는 온화하고 해학적이다.

몸통 양면에 상감기법으로 범어梵字와 보상화문을 대칭으로 새겨 넣었는데 은상감銀象嵌이 아닌 주석상감朱錫象嵌으로 보인다. 주석상감은 은상감에 비하여 제작비용은 많이 절감된다는 장점이 있지만 주석의 부식이 심하여 상감된 부분이 많이 떨어져나갔다. 보상화문은 범자를 사이에 두

[도5] 항아리의 동물형다리

[도6] 항아리몸통의 주석상감(범자무늬)

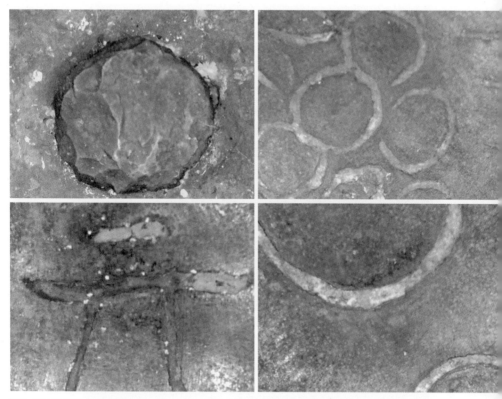

[도7] 청동못과 주석상감의 확대사진(현미경200배)

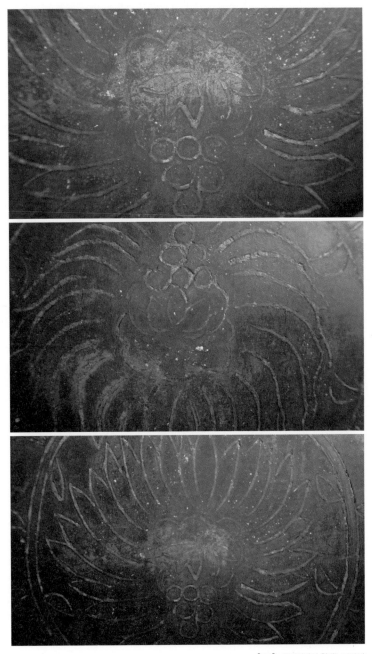

[도8] 주석상감의 확대(보상화문)

[도9] 항아리 입구, 손잡이 부분

[도10] 항아리의 측면

고 위아래 대칭으로 네 송이의 꽃을 장식하였다. 이 항아리는 고려 말기의 주조기술鑄造技術, 상감기술象嵌技術, 용접기술鎔接技術과 조선시대를 거쳐 현재까지 사용되고 있는 방짜기술의 원형까지 확인할 수 있는 특이한 형태로 정확한 제작연대를 알 수 있어서 고려시대 금속공예의 문양사와 범자의 변천사를 연구하는 데 좋은 자료가 되는 유물이다[도6].

유물표면의 부식상태와 상감상태 등을 종합해보면 땅속에서 출토된 유물이 아니고 제작된 이후로 678년간 전세되어온 유물이다. 678년 전에 봉암사에서 정진대사를 위해 제작되었던지 아니면 다른 사찰에서 봉암사의

[도11] 항아리세부
1 손잡이를 청동못으로 고정시킨 상태
2 동물형손잡이의 확대
3 말아 접은 입구부분

09 청동상감'정진대사'명세발항아리

정진대사를 추모하기 위해 만들어졌는지는 확실하지 않지만 우리나라 불교사의 중요한 부분을 차지하는 정진대사와 관련된 기물로 매우 중요한 의의를 갖는다. 또한 고려시대의 불교에 있어서 정진대사의 위상을 가늠하게 해주는 유물이다.

후삼국시대 이후 몽고의 침입, 임진왜란, 병자호란, 구한말 의병전쟁, 6·25전쟁 등의 수많은 전란을 겪은 봉암사는 많은 피해를 입었다. 그러나 아직도 건재하게 수백 년을 함께 잘 견디어온 한 점의 유물이 당시의 시대상황과 우리 민족의 잊힌 많은 이야기를 품고 있다.

우리나라 불교미술에서 가장 대표적인 것은 불상조각佛像彫刻이라 할 수 있다. 불상은 삼국시대에 불교가 전래되어 들어온 이래로 현재까지 끊임없이 제작되어오고 있으며 시대에 따라 양식차이만 있을 뿐, 커다란 틀의 기본바탕은 꾸준히 이어지고 있다고 볼 수 있다. 불상은 직접적인 숭배의 대상으로 우리나라 불교미술의 핵심이며 각 시대를 가장 잘 반영한 조각예술의 최상위범주에 속한다. 불상조각은 다양한 재료를 사용하여 다양하여 석불石佛, 금동불金銅佛, 철불鐵佛, 소조불塑造佛, 건칠불乾漆佛, 마애불磨崖佛, 금은불金銀佛, 목조불木彫佛 등으로 시대와 용도에 따라 알맞게 제작되었다.

　그중에서 철불은 가장 강도가 높고 내구성도 강하지만 용융점이 높고 주물이 어렵기 때문에 세부적인 조각의 표현이 청동불에 비해 섬세하지 못하다. 그러나 밀랍주조蜜蠟鑄造하는 청동에 비하여 상대적으로 생산비가 저렴하다. 철로 불상을 제작할 경우 비싼 밀랍대신 진흙으로 거푸집을

[도1] 철불두의 아랫면

만들어 제작하기 때문에 거푸집제작비가 절감되고 청동보다 저렴한 금속인 철로 주조하여 원부재료의 절감효과가 크고 제작시일도 짧게 걸린다. 섬세하지 않은 조각부분을 용인容忍한다면 철은 단단하고 저렴하며 빨리 만들 수 있는 최상의 재료이다.

우리나라 철불은 남북국시대 신라 후기부터 고려시대에 걸쳐 제작된 유물들이 많이 남아 있다. 그러나 그것이 우리나라 철불제작鐵佛製作의 최초 제작시기와 일치하는 것은 아니다. 현존하는 유물 중에 가장 이른 시기에 제작된 것으로 추정되는 철불은 충남 보원사지에서 출토된 것으로 알려진 대형의 철조여래좌상鐵造如來坐像으로 불국사 석굴암의 본존불과 닮았으며 8세기~9세기경에 제작된 것으로 비정할 수 있다. 이는 12세기 중국 송나라의 철불과 13세기 가마쿠라시대(鎌倉時代)의 일본의 철불보다

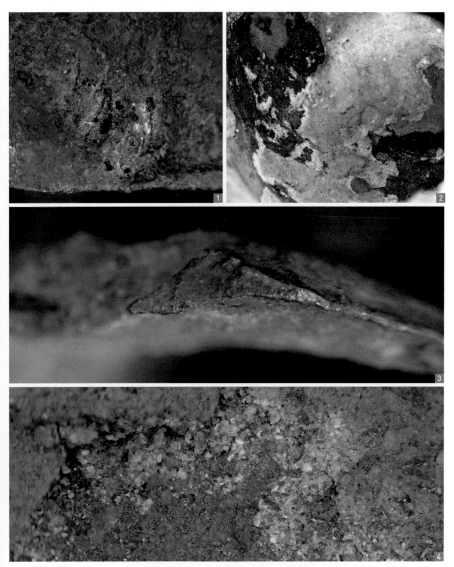

[도2]　**1** 철불 표면의 찌꺼기(왼쪽)　**2** 불두내면　**3** 날카로운 절단면　**4** 불두 내면 확대

[도3] 일본 가시하라시립역사자료관의 신라철불두

[도4] 일본 가시하라시립역사자료관의 신라철불

200년 이상 앞서 제작한 것으로 우리나라는 이미 동양 최고의 철불 제작 기술과 철주조술을 보유하고 있었다는 것을 입증한다. 최근 우리나라 철불의 기원을 중국에서 찾았다는 발표가 있었으나 좀 더 체계적인 연구가 필요하다. 중국 문헌에는 6세기 북제시대에 철불을 조성했다는 기록이 있지만 기록만 있을 뿐이다. 실물이 없는 문헌자료와 정확한 고증이 필요한 당대唐代의 철불을 사례로 들어서 우리나라 철불의 근원이 중국에서 시작되었다고 설정하는 것은 오류일 확률이 높다. 특히 신라 말부터 제작된 철불은 선종禪宗의 연장선상에서 제작된 것으로 당나라의 철불기원설은 시대상황을 간과한 결과이다.

현재까지 알려진 철불은 경기도 광주 춘궁리 출토 철조여래좌상, 858년에 제작된 장흥 보림사의 철조비로자나불좌상, 한천사 철조여래좌상, 전 보령 성주사지 출토 철조불두鐵造佛頭, 원주 학성동 철조약사여래좌상, 가시하라 시립역사자료관(柏原市立歷史資料館) 철불[도4] 일본의 고려미술관 철불[도5] 등 한국과 일본에 현존하는 철불은 대략 신라철불 17점과 고려철불 55점에 이른다. 철불이 집중적으로 조성되기 시작한 시기는 신라 말 왕권의 약화로 중앙집권세력이 약해지고 지방호족의 세력이 커지면서 현세구복現世求福을 기원하는 현실적인 조형의 철불들이 만들어진다. 그리고 지방호족들의 세력과시용으로도 만들어졌기 때문에 철불의 얼굴(相互)에 지역적 특색이 강하게 나타나도록 제작되기도 한다. 또한 사회적인 혼란기에 지역민을 결속시키고 민심을 추스르는 데 어느 정도 지역의 불교와 호족 세력의 결합된 힘이 작용한 것이다. 고려의 통일 이후에는 왕국의 정신적 이념을 불교에 두었기 때문에 철불제작은 지속적으로 이어졌지만 고려의 멸망과 함께 철불제작도 사라지게 된다.

신라 말~고려 초에 제작된 철불은 이전 시대의 금동불金銅佛에 비하여

[도5] 일본 고려미술관의 신라철불과 고려철불두

세부표현기법이 섬세하지 못하여 사실적이고 생동감 있는 묘사를 하지 못했다. 불상크기가 거대해짐에 따라 옷주름이 단순해지고 세부표현력이 낮아져 결과적으로 예술적 완성도가 떨어지게 되었다. 그러나 이러한 현상들은 오히려 가장 현실적인 조형미를 발전시켜서 어느 시대보다도 친근하고 인간미가 돋보이는 가장 토속적인 부처님을 탄생시키는 결과로 나타났다. 그동안 근엄하기만 하고 정형화되었던 부처님의 얼굴이 이제는 지역에 따라 각기 다르게 나타났는데 누구나 해탈하면 부처가 될 수 있는 친근한 이웃 같은 얼굴로 바뀐 것이다.

이번에 소개할 철불두鐵佛頭[도6](왼쪽) 역시 신라 말~고려 초에 제작된 것으로 그동안 학계에 알려지지 않은 유물이다. 높이 43cm, 가로 33cm,

[도6] 고려철불두 비교(오른쪽, 국립중앙박물관)

둘레 97cm의 대형불두로 머리는 나발螺髮이고 낮은 육계와 계주가 있으
며 이마에는 백호가 있다. 수정으로 된 백호는 다시 붙인 흔적이 있으며
삼도三道는 없고 여유 있는 턱에 볼살이 통통하다. 귀는 약간 휘어지고 길
게 늘어져서 어깨까지 내려오고 귓불은 뚫려 있다. 오똑한 코끝은 약간 뭉
개졌으며 왼쪽 귓볼은 결실되었다. 그러나 전체적으로 둥근 얼굴에 지그
시 감은 듯한 눈과 입가에 머금은 미소는 현실적인 조형미를 가장 잘 표
현하였고 한국 불상만이 지닌 인간미를 포함한 아름다움이 있다.

얼굴표면 여러 곳에 쇠 찌꺼기(slag)의 흔적은 고대의 제철방식으로 철
을 생산하여 주조한 것을 나타낸다. 불두의 안쪽면[도2]에는 제작 당시 쇳
물과 엉긴 주조틀의 흙이 남아 있다. 충남 보령 성주사지에서 출토된 것으
로 전해지며 국립중앙박물관에 소장된 철불두[도6](오른쪽)와 육계의 높이

高勾麗鐵造金錯立佛 （酒岩里出土）　高ㄅ 九寸 五分

[도7]　고구려 금도금철불사진

만 약간 차이가 있을 뿐, 전체적인 조형미와 크기가 비슷하다. 신라 말~고
려 초의 작품으로 추정된다. 코끝이 약간 뭉개진 것은 이 불상이 인위적으
로 훼손될 당시 머리가 떨어져 나오면서 코끝이 단단한 바닥에 충격을 입
어서 생긴 자국으로 보이고 목부분의 잘라진 단면이 불규칙하게 예리한

것 또한 머리부분을 집중적으로 훼손시킨 의지를 알게 해준다. 일반적으로 조선시대에는 숭유억불정책崇儒抑佛政策으로 불상이 많이 훼손되었다고 알려져 있으나 우리나라 불상 훼손의 가장 큰 요인은 고려시대 몽골의 침입과 조선시대 병자호란, 임진왜란 같은 이민족의 침입 때문이다. 침략군이 점령지의 신성神聖을 훼손하는 것은 백성들에게 저항하지 못하도록 고통과 두려움을 주고 왕조의 근본을 없애 재기하지 못하게 하려는 의도가 있기 때문이다.

우리나라 철불의 최초 조성시기는 삼국시대로 추정된다. [도7]은 도금을 입힌 고구려철불이라는 점과 출토지가 평양平壤 청암리淸岩里라는 곳에 주목해야 한다. 1950년대에 이곳에서 고구려절터가 발견되었고 고구려불 꽃무늬금동관(高句麗火焰文金銅冠, 목조보살상의 머리에 씌운 보관)도 출토되었기 때문이다. 당연히 사진의 불상이 출토되었을 확률이 높다. 중국처럼 문헌이 많이 남아 있지 않은 우리나라의 특성상 남겨진 유물로 판단할 수밖에 없는 상황이다. 그리고 문헌 속의 기록보다 우선하는 것이 실존유물이다.

그동안 중국이 철불의 종주국이라 생각해오던 연구자들이 중국철불의 기원론에 휘말리게 되었다. 몇 번의 답사와 눈에 보이는 몇몇 사례로 전체를 포장하는 오류를 범해서는 안 된다. 중국철불의 기원론을 주장하려면 중국철불 뿐만 아니라 아직도 한참 미진한 우리나라의 철불연구鐵佛硏究도 완벽하게 병행한 이후에 결론을 내려야 한다. 수많은 문화재를 파괴와 약탈 당한 민족으로서 그러한 슬픈 역사가 다시는 되풀이되지 않도록 얼마 남아 있지 않은 문화유산을 신중히 연구하고 바르게 재조명해야 한다.

일제강점기인 1939년에 일본 오사카 조선공예연구회朝鮮工藝硏究會에서 출판한 책 속의 고구려철불(고구려철조금착입불, 평양 청암리출토)은 무엇을

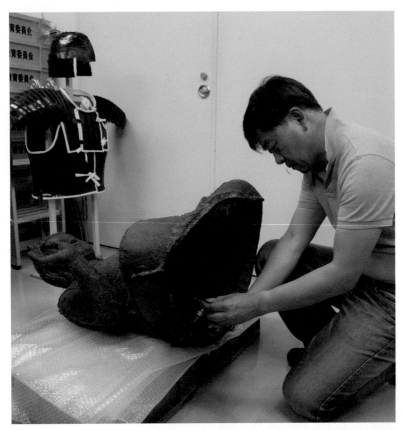

[도9] 일본 가시하라역사자료관의 신라철불을 조사 중인 필자

의 미할까? 광복 후인 1950년대 고구려절터가 발견되고 많은 고구려유물이 출토된 곳이 평양의 청암리절터인데 책 속의 유물출토지가 청암리로 명기되어 있는 것은 이 유물의 신뢰성이 높고, 도금을 한 고구려시대 철불의 존재를 확인하는 근거자료로도 충분하다. 현재로서는 실물을 확인할 수 없지만, 일본의 어느 곳엔가 모셔져 있을 것이고 언젠가는 꼭 확인할 것이다.

세계최고의 고려도활자

世界最古의 高麗陶活字

고려시대 | 가로 2cm 세로 2cm 높이 1cm내외

세계최고의 목판본은 1966년에 경주 불국사 석가탑에서 출토된 무구정광대다라니경無垢淨光大陀羅尼經(국보 제126호)으로 남북국시대 신라(8세기 전반)에서 제작되어 중국보다는 100여 년이나 앞선 것이다. 세계최고의 금속활자본은 1377년 간행된 백운화상초록불조직지심체요절白雲和尙抄錄佛祖直指心體要節(2001년 유네스코 세계기록유산 등재)로 독일 구텐베르크의 금속활자본보다 훨씬 빠르게 제작된 사실은 이미 잘 알려진 사실이다. 그리고 얼마 전 세계최고의 금속활자인 '증도가자證道歌字'가 발표되어 '세계최고의 금속활자로 인쇄한 책'과 '세계최고의 금속활자'를 모두 보유한 나라가 되었다. 우리 민족은 문화수준의 척도가 되는 인쇄부문에 있어서 독보적인 위치를 점유한 문화민족으로 세계인들의 부러움을 받게 된 것이다.

나무로 만든 활자는 어떠할까? 일반적으로, 1298년 원나라의 왕정이 목활자본인 『정덕현지旌德縣志』를 편찬하였다는 기록과 1302년 티베트계의 서하국에서 간행된 『화엄경華嚴經』이 제일 오래된 목활자본으로 알려

[도1] 고려도활자(위)와 금속활자(아래) 뒷면의 둥근 홈

[도2] 고려도활자(왼쪽)와 고려금속활자(오른쪽)

져 있다. 우리나라에는 1397년에 태조 이성계의 명으로 발행한『개국원종
공신록권開國原從功臣錄券』이 현존하는 가장 오래된 목활자본으로 알려져
있다. 그러나 우리나라가 1397년에 목활자본을 처음으로 인쇄하기 시작
한 것은 아니다. 고려시대에도 목활자본이 있었을 것이지만 전란으로 많
은 문화재가 소실되어 인해 임진왜란 이전에 간행된 전적류는 현존유물
이 매우 희귀하게 되었다. 1302년에 서하국에서 목활자본 화엄경을 최초
로 제작하기도 전에 고려국은 이미 금속활자본(1234년 상정고금예문)을 편
찬하고 있었다. 이런 정황으로 미루어 생각하면 목활자 역시 고려인이 세
계최초로 개발하고 사용하였을 것이다. 금속활자보다 목활자가 먼저 사
용되었을 것이 확실하기 때문이다. 머지않아 세계최고 '고려목활자본'의
발견도 기대해볼 만하다.

금속활자와 목활자 다음으로 도활자에 대한 면밀한 연구도 필요하다.
도활자란 점토질의 흙을 잘 반죽하여 활자 크기로 성형하고 일정시간 그
늘에 말려서 글자를 조각한 후에 도자기를 굽듯이 가마에서 소성燒成하여
만든 활자이다. 북송의 심괄이 엮은 책『몽계필담夢溪筆談』에는 11세기 초
반에 필승이라는 평민이 점토를 빚어 얇은 동전 모양으로 만들어 글자를
새겨서 불에 구워 도활자를 만들었다는 기록이 있다. 이것이 최초의 도활
자라는 근거이다. 그러나 이때 만들어진 도활자나 도활자본은 남아 있지
않다. 실체는 없고 기록만 있는 셈이다. 이 기록만으로 중국이 최초의 도
활자陶活字를 만들었다고 주장하지만 실체가 없어서 설득력이 약하다. 기
록보다는 현존하는 유물의 실체가 훨씬 중요하다는 것은 누구나 인지하
고 있다. 그러나 우리 전공자들은 대부분 실체도 없는 중국의 도활자를 최
초로 발명된 활자로 인정한다. 그리고 그것이 활자의 근간을 이루어 그 다
음으로 고려금속활자가 북송도활자 이후의 형식으로 재질만 바꿔서 발명

[도3] 고려도활자의 필획부분

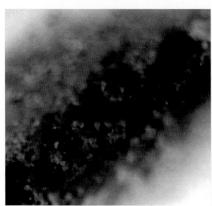
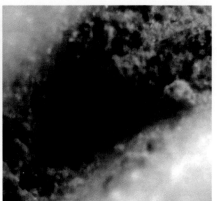

[도4] 필획 사이에 모래와 엉겨 붙은 먹(현미경사진 200배)

되었다고 생각하는 결론에 봉착한다. 과연 중국에서 도활자를 세계최초의 활자로 창안한 것일까?

우리나라의 도활자는 조선시대인 17세기에 처음으로 제작하여 사용된 것으로 알려져 있었다. 『동국후생신록東國厚生新錄』에 의하면 무관인 이재항李載恒(1672년~1725년)이 황주병사黃州兵使로 근무할 때 도자기 만드는 흙으로 도활자를 직접 제작 한 것과 도활자의 제작방법이 상세하게 기록되어 있으며 '토주자土鑄字'라고 하였다. 그러나 아쉽게도 이때 제작한 활자나 판본은 남아 있지 않다. 한편으로는 『승정원일기承政院日記』의 토활자인쇄술土活字印刷術에관한 새로운 기록을 분석한 논문으로 조선시대 도활자의 창안자는 권부(1662년~1739년)이고 창안 시기는 영조 5년(1729년) 이전으로 해석한 사례도 있다.(박문열, 「한국의 토활자인쇄술에 관한 연구」, 『서지학연구』, 2008년)

우리나라에 도활자본으로 전하는 책은 『삼략직해三略直解』, 『경사집설經史集設』, 『옥찬玉纂』, 『동명선생집東溟先生集』이 있고 모두 조선시대 후기에 간행된 책들이다. 현재까지 알려진 도활자는 모두 조선 후기에 제작된 것으로 국립중앙박물관에 200여 점이 소장되어 있고 상주박물관에 2점, 성암고서박물관과 개인소장 몇 점이 있다. 그리고 최근에는 경상북도 상주 농가의 밭에서 소량 출토되기도 하였다. 그동안 우리나라 도활자[도5]는 현존하는 유물이나 기록이 모두 조선 후기에 제작된 것으로 알려져 당연히 조선 후기부터 도활자를 제작하였다고 생각할 수밖에 없는 상황이었다. 그러나 이 '고려도활자'[도2](왼쪽)는 필자가 지난 10여 년에 걸쳐 40여 점의 고려금속활자를 조사하는 과정에서 함께 확인된 것으로 모두 3점이다. 현재까지 고려시대 도활자나 도활자본에 관한 기록은 전무하며 유물의 사례도 없었다. 그러나 필자가 조사한 이 고려도활자는 북송의 필승이 최초로 만들었다는 도활자(기록만 있고 유물 실체가 없다)를 넘어서 금속활자처럼 도활자도 고려인이 처음으로 제작하였으며 나아가 활자의 창안도 고려인이 했다고 볼 수 있는 중요한 유물이다.

이 고려도활자의 형태는 의 고려금속활자[도2](오른쪽)와 같은 모양이며 활자의 뒷면도 금속활자처럼 활자판에 고정시키기 위한 홈이 반구형半球形으로 파여 있다[도1]. '개開'(가로 2cm, 세로 2m, 높이 1cm, 무게 6.7g), '강

[도5] 조선시대의 도활자(국립중앙박물관)

疆'(가로1.9cm, 세로1.9cm, 높이1cm, 무게6.9g), '신新(가로1.8cm, 세로1.8cm, 높이1cm, 무게6.5g)'자字로 모두 3점이다. 이 도활자들은 고려백자의 태토胎土처럼 철분을 잘 걸러내고 높은 온도로 소성燒成하여 경질硬質이다. 도자기에 문양을 새길 때처럼 활자의 모양을 만든 후에 일정시간 건조하고 글자를 조각하였다. 글자가 찍히는 활자의 표면[도3]은 먹이 스며들지 않도록 미량의 유리질琉璃質이 녹아 있는데 유약을 얇게 시유施釉한 다음에 살짝 닦아낸 것으로 보인다. '개' 자와 '강' 자의 활자[도3]는 필획筆劃 사이에 모래흙과 먹(墨)이 뒤엉켜 있어서 실제로 사용한 것으로 보이고 '신新' 자는 깨끗하게 닦여 대부분 지워져 있지만 미미하게나마 보여 실용實用한 것으로 보인다. 이 도활자들[도4]은 고려금속활자와 동반출토된 것으로 전해지며 활자 필획 사이에 모래와 뒤엉겨서 남아 있는 먹은 방사성탄소연대측정放射性炭素年代測定으로 정확한 제작연대의 측정도 가능하다.

그동안 도활자를 처음 창안한 나라는 중국으로 인식해왔다.『몽계필담』의 실체 없는 도활자의 기록때문이었다. 이제는 인식의 전환이 필요한 시점이다. 수년 전에 발표된 고려금속활자의 방사성탄소연대측정 결과 1033년~1155년 사이에 제작된 것으로 확인되었다. 함께 출토된 고려도활자의 제작연대도 이와 비슷할 것이다. 고려도활자는 실체가 없는『몽계필담』의 도활자보다 먼저 제작되었을 가능성도 높으며, 실체가 있는 세계최고의 도활자이면서 활자의 창안도 고려인이 했을 가능성이 확실하다. 이번에 공개한 세계최고의 '고려도활자'를 통해 세계인쇄사를 다시 한 번 수정할 필요가 있다.

선조들이 물려준 세계적인 문화유산이라도 잘 보존하고 연구하여 그 가치를 제대로 밝혀내지 않는 한 진정한 우리 것이 될 수 없다. 책상에만 앉아서 다른 사람의 연구논문만 첨삭하며 행동하지 않는 연구자는 우리 문화유산의 가치를 제대로 밝혀낼 가능성이 없다. 올바른 연구자는 광산에서 광맥을 찾듯이 항상 새로운 연구대상을 찾아 좌충우돌하는 가운데 길이 열리는 것을 잘 알고 있다.

남권희 교수가 발표한 '증도가자'의 문화재지정 여부가 아직도 불투명

[도6] '강(疆)' 자

한 상태이다. 10여 년 동안 외롭게 연구한 연구자의 개인적인 성과나 국
내의 차원(국보나 보물 지정)을 넘어서 이제는 이런 문화재들을 인류의 문
화유산과 직결된 세계적인 문화재로 '세계문화유산 지정'을 생각할 때이
다. 그러나 아직도 문화재의 가치를 알지도 못하면서 이유 같지 않은 이유
를 여러 가지 들어가며 증도가자를 가볍게 여기며 평가절하하는 연구자
들의 벽에 막혀 국내 문화재지정도 못하고 있는 형편이다. 후손의 한 사람

[도7] '개(開)' 자

으로 뼈저린 반성을 하지 않을 수 없다.

"그래도 지구는 돈다."라고 갈릴레이가 재판장에서 나오면서 한 말처럼 고려금속활자(일명 증도가자)가 국가문화재로 지정이 되지 않아도 우리 선조가 만든 '세계최초의 금속활자'임은 변함이 없다.

[도8] '신(新)' 자

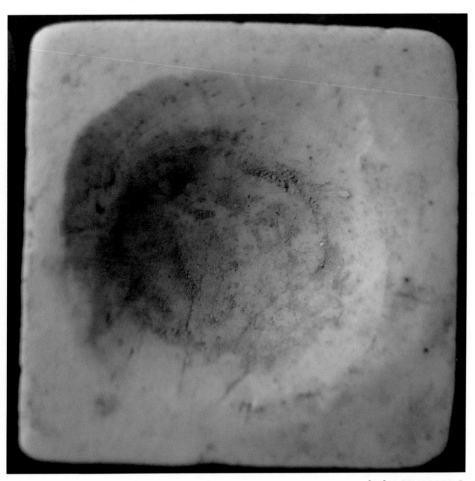

[도9] 도활자 뒷면의 둥근 홈

청자 '인청'명 향합
青磁 '仁淸' 銘香盒

고려시대 | 지름 7.1cm 높이 3.7cm

2014년 12월, 국내에서 규모가 가장 큰 한 경매장에서는 한 해를 마무리하며 미술품경매 전시회가 열리고 있었다. 여느 때처럼 현대미술품과 고미술품이 함께 전시되고 있었다. 출품작이 많은 현대미술품에 비하여 상대적으로 적은 수의 고미술품을 보다가 유리장식장 안에 얌전히 놓여 있는 작은 고려청자향합[도1]에 시선이 고정되었다. 12세기 초 작품인 듯한 비색秘色의 여성용 화장용기化粧容器로 굽바닥에 도공의 이름으로 보이는 명문이 흐릿하게 음각되어 있었기 때문이다.

고려청자에 명문이 새겨진 경우는 제작연도, 사용기관, 시詩, 사용처 등을 표기한 경우가 있지만 어느 경우든 매우 귀한 편이다. 그중에서도 도공의 이름으로 추정되는 명문이 새겨진 완품청자의 사례는 손꼽을 정도인데 국내에는 보물 제237호인 청자순화4년명항아리靑磁淳化四年銘壺에 최길회라는 도공명이 굽바닥에 음각되어 있다.(사실은 933년에 제작한 고려백자임) 일본에는 두 점이 있는데 네즈미술관(根津美術館)에 소장된 고려청자

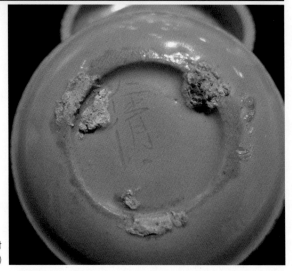

[도1] 청자'인청'명향합
(뚜껑과 몸체(위), 바닥의 명문(아래))

양각 연화무늬정병[도2]과 도쿄국립박물관에 소장된 고려청자음각연화절
지무늬매병[도3]이다. 이 유물들의 굽바닥에는 각기 음각으로 '효구각孝久
刻', '조청조照淸造'라고 새겨져 있어서 그동안 문헌에서도 전혀 알려지지
않았던 고려청자 도공의 이름을 알 수 있게 되었다.

특히, 부안 청자요지에서 출토된 청자 굽바닥 파편 중에 '효문孝文'명이 새겨진 것이 발견되어 네즈미술관 정병에 새겨진 '효구孝久'와 '효문'의 관계를 친인척으로 생각해 볼 수도 있었다. 그러면, 이 청자향합 굽바닥의 '인청仁淸'명과 도쿄국립박물관의 고려청자매병 바닥에 새겨진 '조청照淸'명의 관계는 무엇일까? 이 또한 친인척으로 생각할 수도 있다. 고려시대 진상용 도자기에 도공陶工의 이름을 새기는 것은 허용되지 않았던 것 같다. 청자에 새겨진 이름은 작거나 흐리게 하여 잘 보이지 않게 하였고 도공의 이름으로 추정되는 명문이 새겨진 청자는 겨우 몇 점만이 전해지기 때문이다. 세계제일의 고려청자는 이미 많이 알려져 있지만 그것을 제작한 고려도공의 이름은 국내에서 알려진 사례가 거의 없었다.

이 향합의 몸통에는 맑고 투명한 비취색의 유약이 골고루 덮여 있으며 바닥에는 내화토받침 흔적이 세 군데 있다. 향합의 몸체와 뚜껑 주연부는 골이 지도록 정교하게 깎았으며 뚜껑의 가운데에는 커다란 연잎 한 장을 그려 넣었다. 몸체와 뚜껑이 맞물리는 곳은 유약을 훑어내고 7군데에 내화토괴임을 하여 뚜껑을 몸체와 맞물리게 하고 번조燔造한 흔적이 있다. 맑고 투명한 청자유약을 몸통 전체에 골고루 시유하여 비색을 띠고 있으며 여인의 한 손에 딱 맞게 쥐어질 크기이다. 12세기 초의 관요官窯인 강진이나 부안에서 최상품으로 제작한 것으로 진상용 고려청자이다.

고려청자의 비색翡色은 보통 비가 개인 가을하늘의 푸른색으로 비유되는데, 중국청자에 비하여 청자유약의 기포가 적고 맑고 투명하여 태토胎土까지 훤히 들여다보이기 때문이다. 이에 비하여 같은 시기의 북송 여요청자汝窯靑瓷는 유약에 기포가 많고 불투명하여 탁하고 색칠한 하늘색의 느낌이다. 그러나 어느 것이 더 뛰어난 청자인지는 추구하는 목표가 서로 다르기 때문에 정할 수 없다. 사람들의 취향이 서로 다르듯이 민족의 취향

[도2] 청자양각모란문'효구각'명정병과 바닥의 명문

도 매우 달라서 그 민족의 정서에 맞는 작품을 최고로 생각하여 만들었기 때문이다. 그래서 고려청자가 중국청자보다 우월하다거나 그 반대라고 주장하기에는 모순이 있다.

그러나 한 가지 확실한 것은 천년 전에 발달된 도자기를 만들 수 있는 나라는 전 세계에서 고려와 중국 두 나라뿐이었다는 것이다. 고려 초기 가마형태와 생산된 자기의 형태가 중국의 것과 비슷하다고 하여 무조건적으로 중국도자 기술의 수입을 주장하는 전공자들이 있으나 이는 우리나라 도자사연구에 큰 오류를 범할 수 있는 잘못된 과거의 생각이다. 이는 삼국시대의 시유도기施釉陶器나 자기磁器에 대한 깊이 있는 연구의 부재不在와 문화의 사대주의에서 오는 현상으로 고려시대 이전에 이미 자기생산능력을 확보한 사실을 인지하지 못하고 우리나라 도자기의 발생을 단순하고 편리하게 고려시대부터라고 생각하며 고려 이전 시기와의 연속성을 등한시하여 범한 오류이다. 조선백자와 고려청자를 연구할 때는 반드시 삼국시대와 남북국시대[도4]의 시유도기나 자기를 염두에 두어야 한다. 중국에는 세계적으로 유명한 당삼채唐三彩가 있었듯이 우리나라에도 발해삼채渤海三彩와 신라삼채新羅三彩[도5]를 이미 생산하고 있었다. 그러나 왜 우리나라의 삼채자기三彩磁器는 잘 알려지지 않았을까? 후손으로서 조용히 반성해야 할 대목이다.

이 작은 향합은 몇 점 남아 있지 않은 고려청자의 도공명이 새겨진 사례로 고려청자사高麗靑磁史의 비밀을 풀어줄 열쇠 역할을 할 중요한 유물이며 고려청자를 연구하는 전공자는 물론이고 후손들에게도 안전하게 남겨야 할 귀한 문화유산이다. 다행히도 소중하게 보관되어 연구할 수 있는 곳으로 낙찰이 되어 마음이 놓인다.

[도3] 청자음각연화문'조청조'명매병과 바닥의 명문

[도4]　고구려의 황유도기(왼쪽)와 백제의 녹유도기(오른쪽)

[도5]　발해의 삼채향로(왼쪽)와 신라의 삼채합(오른쪽)

900년 전, 강심장의 고려도공高麗陶工인 인청仁淸이 정성껏 만든 작은 향합 한 점이 배를 타고 서해를 항해하여 개경의 어느 귀부인 품속에서 동고동락하다가 함께 생生을 마감하고, 어느 해인가 수백 년 만에 다시 세상의 빛을 보게 되었다.

고려미인도

高麗美人圖

고려시대

언제부터인가 일본인의 소장품으로 알려져오던 「고려미인도」가 고국으로 귀환했다. 원래는 세 폭(三幅對)의 그림[도1] [도2] [도3]으로 우리나라에서 반출된 궁중유물이다.

1993년 발간된 고故 최순우崔淳雨 전 국립중앙박물관장의 『한국미술韓國美術』에는 제3폭이 소개되어 있으며, 1998년 대한민국헌정회大韓民國憲政會에서 발간한 『찬란한 문화유산』 225쪽과 226쪽에는 제1폭과 제2폭의 두 유물이 소개되어 있다. 최순우 선생은 제3폭을 고려불화와 비교하여 설명하였고, 일본에서 제1폭과 제2폭을 조사한 대한민국헌정회는 이미 사라진 자료[도3]를 입수하지 못하여 유물 두 점만을 게재한 것으로 보인다.

최순우 선생은 『한국미술』 157쪽 참고도판 43 「연지미인蓮池美人. 일본 이영개李英介」라는 항목에 이 그림[도3]을 소개하였다. 작품명은 「연지미인도蓮池美人圖」이고 제작연대는 고려시대로 유명한 일본 센소사에 소장된 고려불화 「양류관음상楊柳觀音像」과 비교설명하며 작자를 고려시대의 불화사佛畵師 '혜허慧虛'로 추정하고 소장자는 일본 소재 이영개라고 밝히고 있다. 대한민국헌정회의 『찬란한 문화유산』에는 제1폭과 제2폭을 「조선 초중기朝鮮初中期의 미인자애도美人子愛圖」로 보았지만 낙관이 없어 작자와 제작연대를 명확히 설명하지는 못하였으나 확실히 우리나라로부터 반출해간 궁중유물이라고 설명하고 있다.

필자가 최근 국내에서 실견한 유물은 제1폭 한 점이며, 제1폭은 국내로 반입되어 모처에 소장되어 있고 제3폭은 이미 일본에서 행방을 알 수 없게 되었다고 한다. 다만 일본인 전 소장자所藏者의 전언에 의하면 세 폭의 그림이 같은 상자에 함께 보관되어 있었다고 한다. 고려시대 인물화는 안향安珦 초상화(국보 제111호), 이제현 초상화(국보 제110호), 염제신廉悌臣 초상화(보물 제1097호)가 있으나 모두 남자의 초상화이고 고려여인의 그림은 현존하지 않고 다만 시대불명의 전 「공민왕과 노국공주 초상화」가 종묘에 전할 뿐이다. 이런 현실 때문에 최순우 선생은 일본 센소사 소장의 고려불화 「양류관음상」과 제3폭을 비교 설명한 것으로 보인다.

「고려미인도」 제1폭은 꽃나무 아래서 몽고풍蒙古風의 궁장宮裝을 한 여인은 아이를 안고, 또 다른 아이는 오른손에 부채를 들고 어머니의 치마폭 옆에 서 있는 모습으로, 갑자기 날아든 새 한 마리에 시선이 고정되어 있는 절묘한 순간을 묘사한 명작이다.

실제로 14세기 고려불화의 특유한 필법으로 그려진 정황이 「고려미인도」 제1폭의 여러 부분에서도 나타나고 있다. 얼굴과 손의 신체부분은 얇은 먹선으로 윤곽을 잡고 그 선을 따라서 다시 가느다란 붉은 선(朱線)으로 먹선을 따라 이중선을 만든 후에 붉은 안료로 엷게 바림하여 입체감을 나타나게 하였다. 그리고 얼굴부분에는 화폭의 뒷면에 호분을 칠하여 흰색의 안료가 앞면으로 배어나오게 하는 배채법背彩法[도4]을 사용하였는

[도1] 고려미인도 제1폭(부분)

[도2] 고려미인도 제2폭   [도3] 고려미인도 제3폭

데, 모두 고려불화의 제작기법과 동일하다.

채색은 백색, 적색, 녹색, 청색, 금니金泥의 황색이 주된 재료이며 모두 광물성안료인 석채石彩인데 특히 청색의 코발트안료와 황색의 금니는 당시에도 고가의 안료로 일반인은 사용할 엄두도 내지 못하였다. 그림을 그린 바닥천은 조직을 보면 경사와 위사의 조직이 고려시대에 생산되는 고려회견[도5]임을 확인할 수 있다.

여인은 금사金絲로 직조한 옷 위에 소매가 넓고 투명한 청색의 겉옷을 입었고 여인에게 안겨 있는 아이의 옷도 투명한 붉은 옷을 입어서 속옷이 은근히 드러나 보이게 하였다. 이것은 고려시대 불화佛畵의 특징으로 투명 베일을 쓴 보살도菩薩圖에 나타나는 전형적인 고려불화사高麗佛畵師의 기법[도6]이다.

여인의 옷은 대부분이 가장 귀한 청색의 코발트안료와 금니로 채색되어 있고 부채를 든 아이의 몸에도 금니로 장식하여 화려함의 정수를 보여주는 것으로 보아 고려왕실에서 의뢰하여 화사가 그린 그림으로 보인다. 아울러 그림에 등장하는 화려한 복식의 여인과 동자는 모두 모자지간이면서 왕족임을 암시하고 있기 때문에 왕비와 왕자로 해석할 수 있는 부분이다. 최순우 선생은 이러한 점 등에 착안하여 작품 속의 인물이 고려 충렬왕忠烈王(1236년~1308년)의 왕비인 제국대장공주齊國大長公主(1259년~1297년)와 그의 아들인 충선왕忠宣王(1275년~1325년)[도7]으로 설명하였다. 그러면서 당시 활동했던 일본 센소사의 고려불화『양류관음상』을 그린 '혜허'의 작품으로 생각한 것이다.

이 삼폭대의 「고려미인도」는 몽고풍의 궁장을 한 여인과 동자들이 주인공이지만 중국에서 그린 그림은 아니며, 원나라 간섭기인 고려 후기에 왕비와 왕자가 주인공인 그림으로 고려왕실에서 의뢰받아 제작한 고려화사의 작품이 틀림없다. 그림을 그린 천은 고려회견高麗繪絹이며 그림을 그린 묵선과 주선의 선묘線描와 바림, 화법畵法인 배채법과 화려한 채색의 조화, 금니의 정교함이 고려불화의 특징과도 일치한다. 용필用筆과 용묵用墨의 기법과 미적감각, 결체구도結體構圖의 기교技巧가 또한 고려불화의 시대풍격時代風格과 일치하며 능숙한 붓놀림 사이사이로 고려화사高麗畵師의 숨결이 느껴지는 국보급 문화재이다. 고려불화는 전 세계에 약 160여 점

[도4] 얼굴윤곽의 이중선과 배채법 사용흔적, 배채법을 사용한 얼굴(부분)

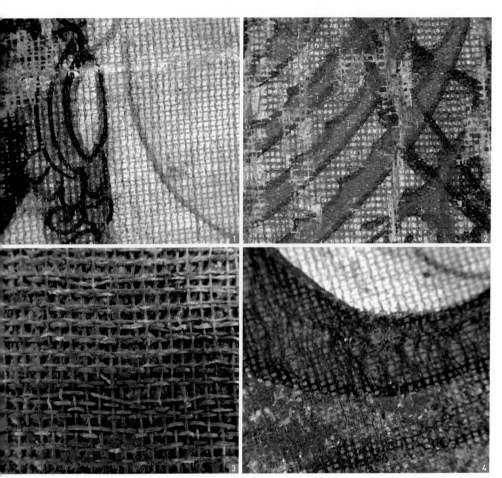

[도5] 고려회견과 채색의 확대

1 금색 2 청색 3 적색 4 녹색

[도6] 속옷이 비치는 소매와 옷자락

이 전해지고 있지만 고려시대의 인물화는 전해지는 유물이 몇 점밖에 없을 뿐더러 그 중에서도 여인의 인물화는 거의 전무하다. 그동안 일본에 반출되었던 3점의 「고려미인도」중에 2점이 고국으로 귀환하였다. 광복 70주년을 맞은 해에 경사로운 일이 아닐 수 없다.

일단 해외로 반출된 문화재는 되돌아올 가능성이 매우 희박하다. 특히 그 나라의 박물관과 같은 공공기관에서 유물을 소장하게 되면 문화재는 잘 보존되지만 고국으로의 귀향은 더욱 어려워진다. 다행히도 필자가 실

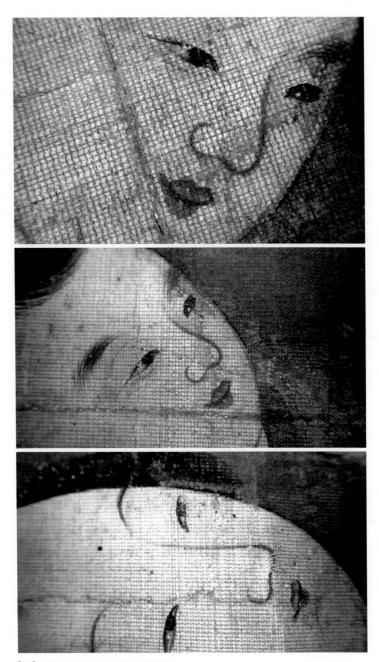

[도8] 붉은 선과 먹선의 이중선으로 묘사한 얼굴

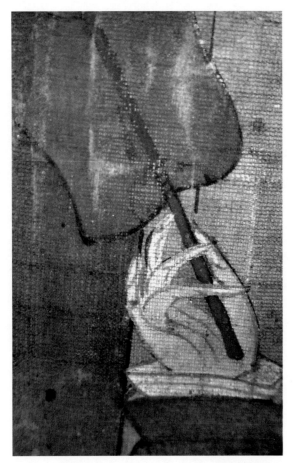

[도9] 부채를 든 손

견한 유물[도1]은 안전하게 귀환되어 국내에서 잘 보존되고 있다. 이제 남은 일은 전공자들의 올바른 연구와 노력 뿐이다.

7세기경 흰색의 응회암을 조각하여 조성한 보살상이다. 소발素髮의 머리 위에 적당한 나발이 얹혀 있으며 얼굴(相互)은 세련된 모습으로 자비로움이 입가에 가득하다. 각이 지거나 세로로 긴 5세기~6세기 고구려불상과 다르게 얼굴에 변화가 생긴 모습이다. 둥그런 턱선이 후덕하게 보이며 기다란 귀는 어깨까지 늘어져 있다. 신체는 과거에 비하여 둔중해지고 삼도三道와 백호는 없다. 법의法衣는 통견通絹하였으며 오른팔에 걸친 세 자락의 천의天衣는 밑으로 흘러 왼팔로, 왼팔에 걸친 천의 세 자락은 다시 밑으로 흘러 오른팔로 교차되었는데 이처럼 천의가 X자 형태로 교차된 형식은 삼국시대 보살상에서 주로 볼 수 있는 전형적인 양식이다. 일정한 간격으로 잘 접힌 옷주름은 앞뒤로 속옷주름까지 가지런하다. 불상의 대좌는 9엽의 연판문蓮瓣文으로 끝이 외반外反되었으며 우아하다. 수인手印은 오른손을 수평으로 들어 가슴높이에서 손가락을 위로 향하고(上向) 외장外掌하였으며 왼손은 수평으로 들어 가슴높이에서 아래로 향하고(下向)하고

[도1] 보살입상의 옆모습과 뒷모습

외장을 한 시무외施無畏 여원인與願印의 통인通印으로 모든 소원을 성취하게 해 주고 두려움을 떨쳐 버릴 수 있게 해 주는 의미이다.

그동안 발표된 고구려의 불보살상은 금동불金銅佛, 금니불金泥佛, 니조불泥造佛 이었는데 이 유물은 작은 석조불石彫佛로서 최초의 사례에 해당된다. 작은 석조불의 경우 백제, 신라, 발해, 고려 조선시대의 유물이 모두 존재하는데 고구려만 알려진 유물이 없었다[도4].

실제로는 발해의 수도 5경중에 하나인 동경용원부터東京龍原府址에서

출토된 응회암의 석조이불병좌상石彫二佛並坐像을 고구려에서 전세傳世된 발해시기의 고구려불상으로 보면, 이 유물이 최초로 소개되는 고구려의 석조불상은 아니다. 발해의 건물지에서 출토된 이유만으로 8세기경 고구려의 영향으로 만들어진 발해의 불상으로 대다수가 생각하지만, 석조이불병좌상은 6세기의 고구려불상의 얼굴(相互)과 법의로 발해에 전래된 고구려불상일 가능성이 높다. 8세기에 6세기의 고구려불상을 모델로 만들었 다는 것은 무리가 있기 때문이다. 또한 러시아의 크라스키노 절터에서

[도3] 고구려보살상의 각기 다른 재료(금동제, 소조, 석제)

[도4] 제천 출토 백제 이불병립상(왼쪽), 포천리 출토 남북국시대 신라 탄생불(오른쪽)

출토된 발해불상渤海佛像[도5]도 전세된 고구려의 불상으로 볼 수 있다. 이 것은 발해가 고구려를 계승했다는 것과 관련된 중요한 증거유물이 된다. 전공자들의 섬세한 연구가 필요한 항목이다. 동경용원부터에서 출토된 여러 점의 불상들은 응회암으로 제작되었는데 [도1]의 고구려 불상 또한 응회암으로 제작되어 서로의 연관성을 높여준다.

주름진 천의天衣 아래로 살짝 내민 보살님의 도톰한 발가락이 수줍다.

[도5] 응회암으로 제작된 발해의 작은 석불상(크라스키노 평지성 출토)

[도6] 고구려불상들

백자청화기린무늬향로
白磁青畵麒麟文香爐

고려시대 | 높이 25cm 입지름 16cm

경기도 광주 분원리는 19세기 조선왕실에서 필요한 도자기를 생산하던 도자기공방인 분원分院이 설치된 지역으로 지명도 분원리分院里이며, 다양한 종류의 왕실용기물王室用器物을 생산한 조선 후기 최대의 관요官窯였다. 풍부한 물과 목재, 도성인 한양으로 가는 편리한 운송수단 등 조선왕실의 도자기를 생산하고 공급하는 데 최적의 장소로 지목되었기 때문이다.

[도2]의 백자청화기린무늬향로(白磁青畵麒麟文香爐)는 왕실관요王室官窯인 사용원司饔院의 분원에서 제작된 왕실용향로이며 바로 이곳에서 제작된 최상품의 어기御器이다.

도자기향로陶磁器香爐를 본격적으로 제작한 시기는 고려시대이며 향로의 형태와 문양이 매우 다양하며 현존하는 유물도 많이 남아 있다. 사자, 기린, 오리, 용, 어룡, 투각 칠보문, 연꽃봉오리 등의 상형향로像形香爐를 비롯하여 방형方形이나 원통형圓筒形의 물가풍경 무늬나 한나라 청동기를 인용한 도철무늬향로, 향완형 향로 등[도1]이 있다. 이것들은 대부분 실내에

[도1] 고려청자향로의 여러 가지 종류

서 사용하는 작은 크기로 높이 15cm 내외이다. 융성했던 불교문화나 다문화茶文化와 더불어 의식용구儀式用具나 다도구茶道具로 주로 상류사회에서 애용되었다.

유교문화로 변화된 조선시대에도 도자기향로는 제례용祭禮用 도구로 꾸준히 제작되었으나 고려시대에 비하여 획일화되고 단순화된 경향을 보인다. 다만 조선 초기에 제작된 분청사기향로의 경우에는 한나라 청동기의 향로를 인용한 복고적인 모습도 보인다.

조선시대 백자향로白磁香爐는 대부분이 순백자純白磁, 투각백자透刻白磁, 음양각백자陰陽刻白磁로 표면에 청화안료青畵顏料로 문양을 넣지 않는다. 간혹 초화문草花文을 시문하는 경우도 있으나 드문 사례이다. 유교儒敎의 제례祭禮에 사용되기 때문에 현란한 청화안료의 문양을 자제했던 것으로 생각된다. 이런 시대상황에서 백자청화기린무늬향로는 매우 파격적인 작품이다. 몸통에는 상서로운 동물인 기린麒麟을 구름 위에서 비상飛上하는 모습으로 생동감 있게 그려 넣고 세 다리와 목 부분까지 여의두문如意頭文을 촘촘히 시문하였는데 물론 왕실의 화원화가 솜씨이다.

그리고 곧게 선 구연부는 뇌문과 형식화시킨 작은 손잡이를 달았다. 향로의 다리부터 입구까지 몸통 전체에 청화안료로 치장을 하였다. 태토胎土는 정성껏 수비한 양질의 백토를 사용하여 성형하였고 맑고 투명한 담청淡青의 유약을 골고루 입혔으며 세 다리 바닥[도4]에 유약을 닦아내고 모래받침으로 번조燔造하였다. 세련되게 균형이 잘 잡힌 이 향로의 기형은 조선의 법궁法宮인 경복궁 근정전 앞에 놓여 있는 청동향로青銅香爐의 모습과 비슷하다. 금속제향로金屬製香爐를 생각하며 도자기로 빚은 특별한 사례로 볼 수 있으며, 무엇보다 중요한 것은 몸통에 그려진 '기린무늬'이다.

　　기린麒麟은 용의 머리로 한 개의 뿔이 달렸으며 사슴의 몸에 소꼬리를
달고 몸통은 오색五色의 털과 용비늘이 덮여 있는 상상의 동물이다. 자애
심과 덕망이 높은 생물이라 아무것도 먹지 않고 천년을 살며 인수仁獸라

[도3] 조선청화백자(위)와 중국 명나라 청화백자(아래)의 기린무늬

[도4] 향로의 안쪽면(왼쪽)과 발바닥의 모래받침(오른쪽)

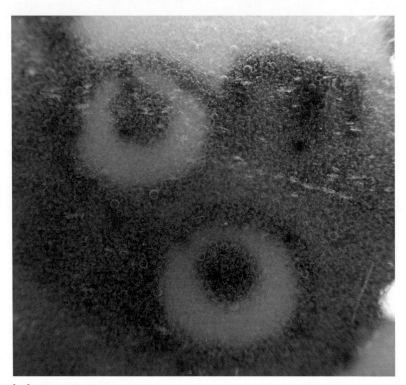

[도5] 청화안료의 확대(기린의 눈 부분)

[도6] 흥선대원군의 기린흉배

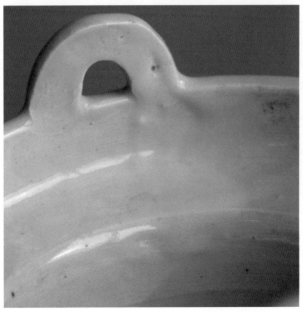

[도7] 향로손잡이의 안쪽면

[도9] 백자청화기린무늬향로

고도 부른다. 그리고 모든 동물 중에 으뜸으로 성인이 태어날 때 나타난다고 전한다. 고구려의 벽화무덤에 최초로 등장하는 '기린'은 신라시대 막새기와의 문양으로 사용되었고 고려시대에는 왕의 호위군을 가리켜 '기린군麒麟軍'이라고도 하였다. 조선시대는 민화民畵의 주제로도 자주 활용되었다.

특히, 대한제국 영친왕의 말안장에 기린문양이 새겨져 있는데 대군大君 이상의 왕족만이 기린무늬의 흉배胸背[도6]를 착용할 수 있었다.

조선시대 생산된 백자 중에서 기린문양의 도자기가 몇 점이나 전해지고 있을까? 아마도 이 '백자청화기린무늬향로'가 유일한 사례일 것이다. 중국 명청대明淸代의 도자기에는 자주 등장하는 '기린무늬'가 우리나라의 도자기에는 왜 사용되지 않았는지……. 수십 년 동안 풀리지 않던 의문점이 이 유물의 등장과 함께 한순간에 해결되었다. 문화재연구자는 발품을 파는 만큼 얻을 수 있다는 선학先學들의 충고가 진리임을 또 다시 깨닫는 순간이다.

호랑이병풍

虎圖屛風

조선 후기

고구려 고분벽화는 4세기부터 7세기까지 제작된 문화유산으로 묵향墨香을 느낄 수 있는 우리나라에서 가장 오래된 회화이다. 고구려인들은 벽화壁畵를 통하여 당시의 사회상을 보여주는 생활도를 비롯하여 종교, 사후세계와 내세관을 나타내는 신선들의 상상화想像畵, 무덤주인공의 인물화, 별자리와 하늘, 구름, 산, 나무, 꽃, 동물 등의 산수화 그리고 사신도四神圖 등을 활달하고 섬세한 필치로 묘사하였다. 오랜 기간 동안 잘 견디어온 고구려 고분벽화는 오늘날 한국화의 근원이라고 볼 수 있고 우리민족 회화의 시원始原이라 말할 수 있다.

필자가 국내성에 소재한 대표적인 고분벽화를 모두 실견한지도 25년이 지났지만 고구려화공의 활달한 붓놀림은 현실세계를 잊을 정도로 강렬했으며 아직도 진한 여운을 잊을 수 없다. 국내성의 고구려 고분벽화를 실견한지 10년 후에 고구려벽화 도굴사건이 일어나 '장천1호벽화'와 '삼실총벽화'가 도굴된 안타까운 사건이 일어났다. 이미 타국의 영토가 되어버린

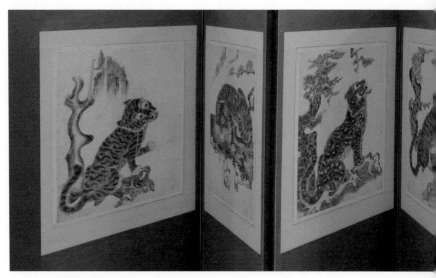

[도1] 8폭 호랑이 병풍

곳에서 벌어진 참담한 사건에 대해 아무런 조치도 취할 수 없는 현실에 자괴감을 느낀다.

시대를 한참 내려와서, 고구려 고분벽화는 조선 후기의 민화와도 공통분모를 갖게 된다. 일제강점기 조선미술을 연구하고 보존하는 데 노력한 일본인 야나기 무네요시(柳宗悅)는 "민간에서 생겨나서 민간을 위하여 그려지고 민간에 의해 구입되는 그림"을 조선의 '민화'라고 정의하였다. 민화의 최초개념은 야나기가 만들었다고 볼 수도 있지만 이미 조선시대에 '속화俗畵'라고 불리던 그림의 한 부분으로 정의할 수도 있다. 이 조선 후기의 민화 속에서도 고구려 고분벽화의 흔적을 찾아 볼 수 있는데 면면히 이어져 내려온 우리 민족의 정체성이 발견된다. 현대적개념의 '민화'는 조선시대 신분제사회 속에서 왕실이나 양반들을 제외한 중인과 백성들이 생활하는 가운데 필요가 생겨 제작된 그림을 통칭한다.(도화서 화원화가 등이 왕실이나 사대부가를 위한 그림은 민화의 개념과 구분된다.)

민화를 그리는 화공들은 교육기관에서 정식으로 그림을 배우지 못해 밑그림을 보면서 독학을 하거나 부모나 형제에게 사사를 받고 떠돌아다니며 그림을 주문받아 생계를 이어가기도 하였다. 그러나 제한된 형식과 틀에 얽매이지 않고 시대상을 반영한 자신만의 자유분방한 생각을 그림으로 표출하기도 하여 정통회화에서는 찾아보기 어려운 해학과 익살이 내재하게 되었다.

조선 후기 민화의 종류는 금강산도, 화조도, 어해도, 모란괴석도, 문자도, 책가도, 호렵도, 호작도, 호도, 호피도, 백동자도, 초충도, 평생도, 산신도, 무속도, 기린도, 운룡도, 장생도, 백복도, 백접도 등 다양하며 민간의 기복신앙祈福信仰과 연결된다.

호랑이병풍[도1]은 머리맡에 치는 '머리 병풍'으로 '침병枕屛'이라고도 한다. 겨울에 문틈 사이의 차가운 바람을 막아주거나 일정한 공간을 가려주고 장식적인 역할까지 하며 다용도로 사용되었다. 우리나라 병풍은 이

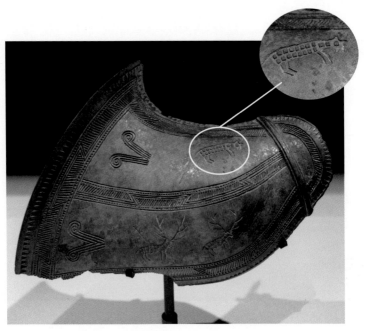

[도2] 청동제견갑의 호랑이(일본 도쿄국립박물관)

미 삼국시대에도 사용한 기록이 있다.

　이 병풍은 경희대학교 박물관장이었던 황용훈 교수 집안에서 전해 내려오던 유물로 동대문일대에서 한의원을 크게 하였던 선대로부터 물려받은 소장품이었다. 1960년대 후반에 고려대학교 박물관에서 개최한 '호도특별전虎圖特別展'에 출품된 이후로 최근 수년간 하남시 역사박물관에 위탁 전시되어 관람객의 각별한 사랑을 받았다.

　예로부터 호랑이는 백수百獸의 왕으로 두려움과 존경의 대상이었고 용맹과 위엄으로 사악한 기운과 잡귀를 막아주는 역할을 하며 불교와 무속신앙에서는 산신탱화로도 등장한다. 선사시대 반구대 암각화와 일본 도쿄국립박물관에 소장된 고조선시대 청동제견갑[도2], 고구려 고분벽화에도 호랑이가 등장하며 우리 민족과 수천 년을 같이한 영험한 동물로 인식되어왔다. 조선 후기에는 호랑이민화인 호도虎圖, 호작도虎鵲圖, 호피도虎皮

圖로 우리 민족과 한층 더 친밀해진다.

이 호랑이병풍은 각 폭이 나눠진 그림이지만 전체적으로 보면 내용이 모두 연결된다. '일지병풍一枝屛風'처럼 8마리의 호랑이가 하나의 화폭에 등장하는 듯, 좌우의 그림들이 중앙으로 시선이 모이도록 제작한 화공의 의도를 엿 볼 수 있다. 그래서 자연스럽게 제4폭과 제5폭이 그림의 중심이 된다.

제1폭은 버드나무와 암석을 배경으로 호랑이가 호기심에 끌린 듯이 꼬리를 올려 세우고 왼발을 내밀며 시선을 고정시키고 있다.

제2폭은 백수의 왕답게 호랑이가 소나무 그늘 밑 고른 풀밭에서 아무런 근심 없이 낮잠을 자고 있다.

제3폭은 호랑이가 오래된 소나무와 암석을 배경으로 바른 자세로 앉아서 크게 포효하는 모습으로 하늘로 고정된 크게 뜬 눈과 벌어진 엄니를 보이고 있다.

제4폭은 이 병풍의 중심이다. 호랑이가 노송 위에 올라앉은 뒷모습은 마치 단원 김홍도의 염불서승도念佛西昇圖(간송문화재단 소장)[도3]를 생각하여 그린 듯, 호랑이를 의인화하여 세상을 훌쩍 벗어난 해탈의 경지를 나타내고 있으며 민화가 아닌 선화禪畵의 개념을 도입한 느낌을 받는 장면이다.

제5폭은 호랑이가 안개 속에 가려진 모습으로 머리 윗부분의 두 귀와 아래 발과 꼬리만 보인다. 안개 속에 가려진 호랑이의 얼굴은 보는 이로 하여금 상상력을 자극하여 한 폭의 그림에 여러 장면의 얼굴을 떠오르게 한다.

제6폭은 호랑이가 소나무 위에서 아래로 고정된 시선과 함께 으르렁대는 모습이다.

제7폭은 호작도에 나오는 전형적인 호랑이의 모습으로 꼬리를 감싸고 위엄 있게 앉아 머리만 돌려 아래쪽을 응시하는 모습이다.

제8폭은 나뭇잎이 떨어진 겨울에 엄니와 발톱까지 드러낸 유일한 호랑이의 모습으로 크게 포효하고 있다.

이 호랑이병풍에 등장하는 8마리의 호랑이는 한 장면씩을 연출한 것일 수도 있고 호랑이 한 마리의 여러 모습일 수도 있다. 문인화인 송호도松虎圖를 염두에 두고 솜씨 좋은 화공이 그린 뛰어난 작품으로, 보는 관점에 따라서 해석이 변하게 된다. 작품의 중심이 되는 호랑이의 묘사는 세필細筆로 털끝 하나하나에 정성을 기울였고 각 폭에 그림의 구도가 알맞게 배치되었다.

8마리의 호랑이가 있는 곳에는 사악한 잡귀가 얼씬도 못할 것이다. 게다가 항상 같이 생활하는 주인을 위해서 복스러운 강아지의 모습처럼 귀엽게 생긴 호랑이의 얼굴에는 해악과 감성이 충만하기까지 하다. 민화병풍 중에 가장 진귀한 것도 바로 호랑이병풍이다.

제1폭

제2폭

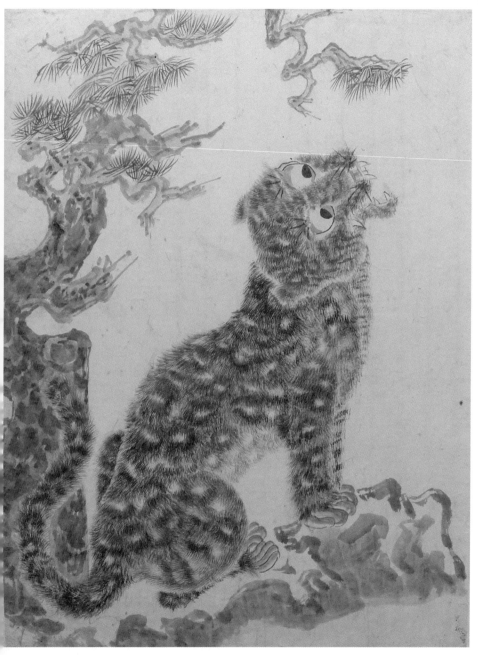

제3폭

제4폭

제5폭

제6폭

제7폭

제8폭

호랑이얼굴(제7폭)

고려시대에 만들어진 은제도금참외모양병(銀製鍍金蓮花折枝文瓜形瓶)[도1]
이다. 몸통은 참외모양이고 입구는 참외에 달려 있는 꽃모양이며 은병銀瓶
아래 부분의 굽받침은 주름치마처럼 접혀 있다. 이런 형태의 병은 고려시
대 전 시기에 걸쳐 청자로 많이 만들어졌고 보통 '청자과형병青磁瓜形瓶'이
라 부르며 현존하는 유물도 국내외 여러 곳에서 확인된다. 그러나 이런 종
류의 과형병이 은으로 만들어진 사례는 처음이라 국가지정문화재급國家指
定文化財級 유물이다.

고려시대의 금속기는 도자기와 같은 시기에 병행하여 만들어졌으며 종
류도 다양하여 병, 정병, 주전자, 향로, 대접, 잔등이 있으며 청동으로 만든
기물이 대부분이다. 그러나 왕실에서 사용하는 특별한 경우에 한하여 금
이나 은제도금, 은을 사용하여 화려하고 세련된 작품을 제작하여 사용한
것으로 보인다. 이 은제도금참외모양병은 고려왕실의 어기御器로 추정되

[도1] 병의 입구와 바닥 부분

[도2] 몸통의 연꽃무늬

며 높이는 18.5cm이고 바닥지름과 입지름은 각각 8cm이다. 알맞게 피어난 꽃의 잎부분과 몸체에 비례한 두께의 유려하게 뻗은 목선은 여덟 골의 몸통과 정연하게 주름 잡힌 굽의 높이와 조화를 이루며 안정감 있고 세련된 자태를 품고 있다.

몸통의 연꽃문양[도2]은 은의 인장력을 활용하여 양각陽刻의 효과를 주는 타출기법打出技法과 그 위에 섬세하게 표현하는 모조기법毛彫技法으로 조각하여 고려시대 금속세공기법金屬細工技法의 정수를 볼 수 있다. 몸통의 각 면마다 가운데 커다란 연꽃을 중심으로 작은 연꽃 두 송이와 한 개의 연밥을 정교하게 새겨 넣었다. 그러나 어깨와 굽 부분에 연판문蓮瓣文이나 여의두문如意頭文과 같은 종속문양從屬文樣은 없고 오로지 연화절지문蓮花折枝文을 주문양主文樣으로 사용하였다.

얇은 은판을 단조鍛造하여 만들었는데 몸통과 목, 굽의 세 부분으로 구분되며 각기 별도로 제작하여 문양을 조각한 후에 접합하여 만든 것으로 추정된다. 몸통에서 목과 굽으로 이어지는 경계에는 볼록한 단을 만들었으며 목의 중앙부분에는 두 줄의 음각선을 둘렀다. 일정한 간격으로 곧게 주름이 접힌 굽은 바닥면으로 내려오면서 넓어지는데 이것이 은병의 안정감을 높여주는 중요한 역할을 한다.

은병의 몸통에는 일정한 두께의 얇은 도금이 아직도 잘 남아 있는데 아말감도금법(fire gilding)을 사용한 흔적이다. 금을 수은에 녹여 만든 아말감을 은병의 표면에 바르고 열을 가하여 수은이 기화氣化되어 없어지면서 금이 은병의 표면에 흡착되어 남는 방법이다. 일정한 두께의 도금상태[도3]로 보아 상당히 높은 수준의 도금기술鍍金技術을 확인할 수 있다. 은병에 화려하게 도금된 황금의 빛깔이 농익은 참외를 연상시킨다.

고려시대 왕실용금은기를 제작하던 장야서의 숙련된 장인이 제작한 왕

[도3] 연꽃타출무늬와 도금상태

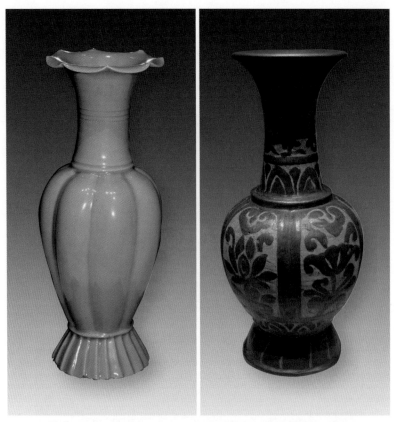

[도4] 청자참외모양병(국보 제92호, 국립중앙박물관, 왼쪽), 청자철유상감참외모양병(국립중앙박물관, 오른쪽)

실의 의례용(儀禮用)이거나 생활용구로 사용되었을 것으로 생각된다. 다만
이 은병의 크기로 보아 생활용구에 더 근접하게 보인다. 만약 의례용이라
면 좀 더 크게 만들었을 것이다. 고려시대 제작된 금은기는 고가의 재료
를 사용하기 때문에 매우 수량과 한정된 크기로 제작될 수밖에 없었고 현
존하는 유물도 극히 드물다. 고려시대 청자로 제작된 참외모양병(靑磁瓜形
瓶)은 인종 장릉에서 출토된 것으로 전하는 '청자참외모양병(靑磁瓜形瓶, 국
보 제92호)'[도4]을 비롯하여 국내외의 여러 기관에 소장되어 있다. 그러나

[도5] 청자참외모양병(보스턴미술관, 왼쪽), 청자참외모양병(호림박물관, 오른쪽)

같은 종류의 청자참외모양병이지만 형태는 조금씩 달라서 참외모양병의 기준작을 정하기가 어려웠다. 병의 목이 몸체에 비하여 두껍거나 얇고 몸통이 크기에 비하여 길거나 짧으며 굽의 높이도 유물마다 각기 다르기 때문이었다. 또한 도자기의 특성상 번조燔造 후에는 30%정도 몸체가 수축이 되어서 변형이 생기기 때문에 처음 생각했던 대로 병을 만들기란 여간 어려운 일이 아니었다. 그리고 연구자마다 보는 시각차이때문에 고려인들이 추구하던 참외모양병의 진정한 모습은 제각기 다를 수밖에 없었다. 그

[도6] 청자참외모양병(개인, 왼쪽), 청자참외모양병(호놀룰루미술관, 오른쪽)

러나 이제는 이 은병의 출현으로 당시 고려인들이 추구한 가장 이상적인 형태의 참외모양병을 알 수 있게 되었다. 은으로 제작되었기 때문에 몸체의 변형이 없이 고려장인高麗匠人이 생각한 최적의 참외병 모양을 그대로 간직하고 있기 때문이다.

잊힌 문화재를 찾아내는 것은 잃어버린 역사를 복원하는 것과도 같다. 문화재를 소장한 기관이나 개인은 중요한 문화재가 사장되지 않도록 노력할 책임이 있으며 연구자들은 그 문화재를 밝혀내어 올바른 평가를 하

[도7] 청자참외모양병(국립중앙박물관, 왼쪽), 청자참외모양병(오사카동양도자미술관, 오른쪽)

려고 노력할 의무가 있다. 앞으로도 국내외의 밝혀지지 않은 우리 문화재를 찾아내어 후손들이 함께 공유할 수 있도록 계속 노력할 것을 스스로 다짐한다.

백제옥석제삼존판불상

百濟玉石製三尊板佛像

백제 | 가로 7.7cm 세로 7.1cm

1980년에 전라북도 김제시 성덕면 대목리의 옛 절터에서 4점의 작은 금동판불金銅板佛[도1]이 출토되었다. 삼존불좌상三尊佛坐像, 반가사유상半跏思惟像, 이불병좌상二佛竝坐像, 나한상羅漢像으로 이 판불板佛들은 7세기경 백제시대에 조성造成된 것으로 거푸집을 사용하여 주조하였다. 이 중 반가사유상은 양옆에 나한상이 협시하고 있는 독특한 형식인데 머리에 손을 얹고 있는 나한상의 도상 또한 이채롭다. 제일 작은 판불은 명확히 보이지 않지만 이불병좌상으로 보이며 이불병좌상은 당시 중국에서도 유행하던 형식이다. 제일 큰 삼존불좌상은 가로 7.7cm, 세로 7.1cm로 앙련과 복련의 연꽃대좌 위에 앉은 도상으로 가운데에 있는 선정인禪定印의 여래상如來像인 주존불主尊佛을 중심으로 양옆에 두 협시보살脇侍菩薩들이 몸을 틀어 꽃을 공양하는 모습이다.

특히 화려한 매듭과 수식垂飾이 달린 장막형의 천개天蓋가 상단부의 여백을 꽉 채웠으며 주존불은 협시보살들처럼 두광頭光만 있고 신광身光은

[도1] 김제 출토 백제금동판불(국립전주박물관)

없다. 이 판불의 가장 중요한 점은 주존불과 협시불이 모두 앉아 있는 도상이기 때문에 삼국시대 삼존불상으로는 사례를 찾기 힘든 특이한 형식이라는 것이다.

이 판불들의 정확한 용도는 아직 밝혀지지 않았으나 뒷면의 네 귀퉁이에 네모난 돌출부가 있는 것으로 볼 때, 커다란 판에 끼워서 사용한 불구용품佛具用品으로 추정된다. 일본 백제사百濟寺에서 출토된 이불병좌상의 작은 소조판불塑造板佛과 형태가 유사하고 제작된 시기도 비슷하며 일본 도쿄국립박물관에 소장되어 있는 백제금동판불[도2]과도 같은 형식이다.

전라북도 김제시 대목리에서 백제금동판불이 출토된 지 30년 후, 필자는 옥석玉石으로 제작되었고 도상까지 거의 동일한 백제 삼존불좌상의 판불을 실견할 수 있었다. 역시 앉아 있는 삼존불좌상으로 가운데 선정인의 여래상을 중심으로 양옆의 협시보살들이 약간 몸을 틀어 꽃을 공양供養하고 있는 형식이다. 상단부에는 공문空間을 꽉 채운 천개가 보이고 띠모양의 보관寶冠을 쓴 풍만한 몸집의 보살菩薩들과 선정인의 주존불 얼굴에는 미소가 가득하다. 김제 대목리의 삼존불좌상과 거의 동일한 도상이지만 가장 큰 차이점은 가운데의 주존불에서 찾을 수 있었다. 김제 대목리 출토 금동삼존판불金銅三尊板佛은 주존불의 머리가 소발素髮인 데 비하여 이 주존불의 머리는 나발螺髮이다. 상호相互 또한 전자는 엄숙한 모습인데 후자는 온화한 모습으로 차이가 난다. 아울러 판불의 재질과 뒷면[도3]의 고정방식도 다르다. 그러나 이 두 판불은 주존불의 법의와 수인, 광배의 형태, 상단부를 메운 천개의 수식, 선정인의 여래좌상과 풍만한 협시보살좌상 등이 거의 동일하며 크기도 비슷하여 같은 밑본으로 제작되었을 가능성이 높다.

이런 종류의 고대 판불들은 흔히 출토되지 않으며 그 수량도 매우 제한

[도2] 일본 백제사 출토 소조판불(위)과 백제금동판불상(아래, 일본 도쿄국립박물관)

[도3] 백제옥석제삼존판불상의 뒷면

적이지만 금속제金屬製, 옥제玉製, 소조塑造 등 다양한 재료로 만들어진 사실을 알 수 있다. 또한 7세기 이후부터 풍만해지는 중국 당나라 불상들과의 연관성도 있으며 백제 말기의 불교미술을 확인해주는 자료로 중요한 의의를 갖는다.

[도4] 백제옥석제삼존판불상(위)과 김제 출토 백제금동판불상(아래) 비교

[도5] 서산마애삼존불

고려금속활자
高麗金屬活字

고려시대 | 가로2cm 세로2cm 높이1cm내외

선조들이 남겨주신 유물은 말이 없다. 다만 그 가치를 알아보는 후손만이 혜택을 누릴 수 있는 것이다. 남북공동발굴단이 개성의 고려왕궁지를 계속 발굴해 가면 반드시 잔여분의 고려금속활자高麗金屬活字가 출토될 것이라 확신한다.

– 『박물관에선 볼 수 없는 문화재』 김대환, 205쪽

아직도 개성의 고려궁터(滿月臺)에는 잔여분의 금속활자들이 후손의 손길을 애타게 기다리고 있을 것이다. 중단된 남북공동발굴이 재개되어 하루속히 세상의 빛을 보게 되길 바란다. 세계최고의 금속활자 책인 직지심경直指心經과 세계최고의 금속활자인 증도가자證道歌字가 모두 우리민족의 찬란한 문화유산인 것이 얼마나 자랑스러운가!

–「교수신문」 김대환의 문향 1호(2015년 3월 2일)

아직도 문화재의 가치를 알지도 못하면서 여러 가지 이유 같지 않은 이유를 들어가며 '증도가자'를 가볍게 평가절하 하는 연구자들의 벽에 막혀 국내 문화재

[도1]　고려금속활자(2015년 개성 고려왕궁터 출토, 남북역사학자협의회 사진)

지정도 못하고 있는 형편이다. 후손後孫의 한사람으로 뼈저린 반성을 하지 않을
수 없다.

"그래도 지구는 돈다." 갈릴레이가 재판정에서 나오면서 한 말처럼 '증도가자'
가 국가문화재로 지정되지 않아도 우리 선조가 만든 '세계최초의 금속활자'임에
는 변함이 없다.

- 「교수신문」 김대환의 문향 16호(2015년 10월 20일)

또 다시 고려의 선현들께 머리 숙여 사죄한다. 세계적인 인류의 문화유산을 창
조한 민족의 후손으로서 올바로 지키지 못하고 연구자로서 힘이 되지 못함이 안
타까울 따름이다. 그러나 아직 한가지 희망은 남아 있다. 북녘 땅 개성의 고려왕
궁지(滿月臺)가 정식 발굴이 이뤄져서 아직 땅속에 남겨져 있는 세계최초의 고
려금속활자가 출토되면(반드시 출토될 것으로 확신한다.) 고려금속활자의 모든 진
위논쟁은 끝날 것이고, 그날이 그리 멀지 않았기 때문이다.

- 「교수신문」 김대환의 문향 17호(2015년 11월 3일)

그동안 필자가 꾸준히 주장해오던 '고려금속활자 칼럼'의 결론 부분이다. 드디어 2015년 11월 14일에 개성 만월대 발굴현장에서 세계최초의 고려금속활자[도1]가 남북공동발굴단에 의해서 발굴하여 출토되었다.(만월대 서부건축군 최남단지역 신봉문터 서쪽 255m 지점)

출토된 금속활자는 구리와 주석으로 합금된 청동으로 주조되었으며 크기는 가로 1.36cm, 세로 1.3cm, 높이 0.6cm이고 '전일한 전嫥'자와 유사해 보이지만 현대의 자전에는 나오지 않는 글자이다. 남권희 교수가 발표한 고려금속활자(일명 증도가자)와 크기와 형태가 같은 종류이다(남북공동발굴단은 다른 종류라고 발표하였다). 금속활자 뒷면의 반구형半球形 홈과 묵墨의 사용흔적이 남아 있다. 먹을 채취하여 방사성탄소연대측정을 하면 정확한 제조연대가 밝혀질 것으로 기대된다. 또한 성분분석을 하면 금속활자의 앞면과 뒷면의 합금성분비가 다르게 나올 것이며, 컴퓨터 단층촬영을 하면 금속표면의 청동병때문에 이중구조로 보일 것이다.(국립과학수사연구소에서 청주고인쇄박물관의 고려금속활자를 위작으로 제시한 근거)

이제는 논쟁중인 고려금속활자(일명 증도가자)의 결말이 보이게 되었다. 그동안 줄기차게 가품이라고 주장한 연구자들의 주장은 설득력을 잃게 되었다. 또한 계속되는 남북공동발굴은 더 많이 고려금속활자가 발굴되기를 기대할 수 있게 되었다. 그동안 필자가 조사한 만월대滿月臺에서 출토된 활자는 모두 3종류로 금속활자 2종과 도활자 1종이었다. 이번에 발굴된 금속활자[도3]는 이 중에서 '여侶'자와 같은 계통의 활자이다. 남권희 교수가 '증도가도자'라고 주장해오던 금속활자의 크기와 주조형태, 부식상태, 주조 후의 다듬기 등이 일치한다.

이러한 공통점은 그동안 남 교수에 의해 발표된 고려금속활자는 모두 개성의 고려궁타(滿月臺)에서 출토된 것이라는 결론에 이른다. 한 가지 주

[도2] 고려금속활자의 활자면과 뒷면(전 개성만월대 출토)

지해야 할 점은 '증도가자'라는 용어의 해석이다. 남 교수가 발표한 '증도가자'는 고려시대에 실제로 부르던 금속활자의 이름이 아니고 편의상 남교수가 붙인 이름이다. 따라서 고려왕실에서 제작된 이 금속활자는 '남명천화상송증도가南明泉和尙頌證道歌'만을 찍어내기 위한 활자가 아니고 수많

[도3] 고려금속활자와 고려도활자

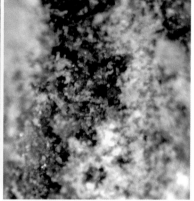

[도4] '여(呂)' 자 필획 사이의 먹(왼쪽), 모래와 엉겨 붙은 먹(현미경 200배, 오른쪽)

은 종류의 전적을 만드는 데 사용한 왕실용활자임이 분명하다.

조선을 '활자의 나라'라고도 한다. 조선 초기부터 제작된 금속활자[도5]
의 뿌리는 고려금속활자이다. 왕조는 바뀌었지만 활자문화는 계승되어
세계적인 활자제조국이 되었고 조선 후기까지 그 전통은 꾸준히 이어

져 온다.

현재 문화재지정 심사 중인 고려금속활자는 하루속히 국가문화재로 지정하여 해외로 반출되는 일이 없도록 조치를 취해야 한다. 만일 남 교수가 발표한 고려금속활자가 가품으로 오판되어 국가문화재로 지정이 안 된다면 이 금속활자들이 해외로 반출되는 것을 막을 방법이 없기 때문이다. 해외의 기관이나 개인수집가들은 이미 이 고려금속활자의 가치를 알아보고 기회만 되면 소장하려고 혈안이 되어 있다. 한번 출토된 문화재는 언제 환수될지 기약이 없다.

1993년에 부여의 사비산성泗沘山城에서 출토되었던 국보급 유물 백제 금동반가사유상百濟金銅半跏思惟像 사건처럼 뒤늦게 후회해도 소용이 없는 것이다. 당시 등산하던 사람이 이것을 발견하여 당국에 신고하고 여러 경로를 통하여 문화재지정을 신청하였으나 한 연구자가 위작으로 판정하여 문화재지정이 기각되어서 결국 유물이 해외로 반출되고 수십억 원에 매매되어 현재는 유물의 행방조차 모르게 된 사건이기 때문이다.

2016년 5월에는 개성 고려왕궁터(만월대)의 서부건축군 남쪽부분에서 고려금속활자 4점[도6]을 북한학자들이 추가로 발굴하였다. 2015년 11월 남북공동발굴단이 처음 발굴한 고려금속활자에 이어서 또다시 발굴된 것으로 필자가 예상한 대로이다. 크기는 대략 가로 1.2~1.3cm 세로 1.0~1.1cm, 높이 0.6~0.7cm로 모두 3점이며 가장 작은 것 1점은 가로 0.6~세로 0.7cm, 높이 0.6~0.7cm이다. 이 금속활자들은 물이름 '칙湨', 지게미 '조糟', 이름' 명名', 밝을 '명明'자이다.

2015년 11월에 개성 고려궁터에서 발굴된 '전塼' 자와 같은 활자의 뒷면에 반구형의 홈이 있는 형식의 금속활자이고 그동안 국내에서 진위논란의 대상이 되었던 고려금속활자(일명 증도가자)와도 같은 종류이다. 앞

[도5] 조선시대 금속활자(갑인자, 1434년, 위)와 활자보관장(아래)

[도6] 개성 고려왕궁터에서 추가로 발굴된 고려금속활자 4점

으로 체계적인 발굴이 계속된다면 고려금속활자는 추가로 발굴될 것이며 고려시대 세계최초로 만들어 사용한 금속활자의 위상이 확실하게 밝혀질 것이다. 이 금속활자는 우리 민족의 문화유산을 넘어 세계인쇄사를 바꿀 세계의 문화유산인 것이다.

문화재연구자가 유물의 진위감정을 하지 못하는 것은 잘못이 아니다. 창피한 일도 아니다. 그러나 진위감정을 할 능력이 안 되면서 아는 것처럼 무리하게 언행하는 것은 개인의 단순한 과오를 떠나서 우리 민족에 대한 크나큰 범죄행위와 다를 바 없다. 때문에 그동안 고려금속활자(일명 증도자가)를 위작이라고 줄기차게 주장하던 연구자들의 진심 어린 반성이 필요한 때이다.

[도7] 고려금속활자(전 만월대 출토)

석제관세음보살입상
石製觀世音菩薩立像

조선시대 | 높이 15cm

관세음보살觀世音菩薩은 대승불교의 대표적인 보살로서 대자대비大慈大悲의 정신으로 중생을 구제하는 것을 근본서원으로 하는 보살이다. 우리나라에서는《법화경》은 물론《화엄경》《아미타경》《능엄경》을 중심으로 관음신앙觀音信仰이 퍼졌으며 삼국시대 말기부터 관음신앙이 유행하여 신라시대를 거쳐 고려시대 말기에는 더욱 성행하였다. 아울러 수월관음水月觀音과 천수관음千手觀音, 십일면관음十一面觀音 신앙이 제일 많이 유행하였고 조선시대에는 억불정책에도 불구하고 백성들에게까지도 널리 퍼졌다.

관음보살상의 머리에는 천관天冠 속에 화불化佛을 모시는 것이 일반적이며 손에는 보병寶甁이나 연꽃을 잡는다. 특히 왼손에 잡고 있는 연꽃은 모든 중생이 본디 갖고 있는 불성佛性을 나타낸다. 꽃이 피어나지 않은 봉오리는 아직 번뇌에 물들지 않고 장차 피어날 불성을 나타내며, 이미 꽃이 핀 것은 불성이 드러나서 성불한 것을 상징한다. 우리나라의 관음보살은

[도1] 석제관세음보살입상의 뒷면

[도2] 석제관세음보살입상의 우측면

관음전이나 원통전에 모시며 대표적인 관음기도 도량은 양양의 낙산사洛山寺, 강화도의 보문사普門寺, 남해의 보리암 등이다.

석제관세음보살입상石製觀世音菩薩立像[도1]은 높이 15cm의 작은 보살상으로 조선 후기에 제작된 유물이다. 이 보살상菩薩像의 제작기법상 특이점은 곱돌을 깎고 다듬은 다음에 여러 겹의 한지韓紙를 붙인 후 석채안료로 채색하였다는 것이다. 곱돌은 화강암보다 재질이 연하고 부드러워서 조선 후기 불상이나 나한상羅漢像 제작에도 많이 사용되었다. 그러나 그 대부분은 앉아 있는 형태로 50cm 전후의 높이로 제작되고 회를 바르고 채색하여 채색수준이 거친 것이 많다. 이 보살상처럼 세장細長하고 유려流麗하며 아름다운 신체의 곡선미를 갖춘 조선시대의 작은 불상은 찾아보기 힘들다.

머리의 천관은 활짝 핀 연꽃 한 송이와 두 줄의 구슬띠로 장식되었으며 그 위로는 화불이 모셔져 있다. 네모진 얼굴에 가늘고 기다란 눈과 반달눈썹은 18세기의 모습 그대로이며 도톰한 볼에는 엷은 홍조를 표현하였다. 이마에는 백호白毫 자국이 선명하며 목에는 생사生死를 윤회하는 인과因果를 나타내는 삼도三道(번뇌도, 업도, 고도)가 있다.

야무지게 다문 입주변에는 수염이 있고 가슴에 장식한 화려한 목걸이는 머리의 천관과 같은 종류로 조화를 이루고 있다. 두텁게 걸친 법의法衣는 통견通絹이며 화려한 오방색을 사용하여 보살상의 품격을 한층 더 상승시켰다.

뒷면에는 법의에 가려져 안 보이는 작은 연판蓮瓣의 불신괴임이 양발사이로 작게 그려져 있으며 그 끝에 걸친 발가락에 힘이 들어간 모습이 감동의 절정을 이룬다. 조각과 채색의 솜씨가 합일合一이 된 조선 후기의 명작이다.

수줍게 꽉 쥔 왼손의 연꽃봉오리가 아직 번뇌와 망상에 들지 않고 장차 피어날 불성을 상징하며 다가올 5월 14일 부처님 오신 날(불기 2560년)을 중생들과 함께 기다리는 듯하다.

백자투각청화동화연꽃무늬벼루

白磁透刻靑畵銅畵蓮花文雙面硯

조선시대 | 가로 22cm 세로 16.4cm 높이 6.8cm

문방사우文房四友에 속하는 벼루(硯)는 기록을 남기는 도구로서 붓을 이용하는 서사작업과 함께 발전하였으며 한 민족의 문화수준을 가늠하는 기준이 되는 유물로서도 매우 중요한 의미를 지닌다. 우리나라에서 출토된 가장 이른 시기의 벼루는 낙랑고분에서 출토된 전한시대前漢時代의 돌벼루이고 삼국시대부터는 다양한 재질의 벼루들이 출토되는데 돌벼루, 토기벼루, 도자기벼루 등이다. 삼국시대 벼루의 모양은 대부분 원형이나 원형에 다리가 달린 형태로 평양 정릉사터에서 출토된 고구려도기벼루[도1], 연천 호로고루산성에서 출토된 고구려토기벼루, 몽촌토성 벼루파편과 사비산성에서 출토된 백제녹유벼루파편[도2], 부여부근에서 출토된 백제청자벼루[도3] 등이 있고 신라시대 것으로는 안압지에서 출토된 토기나 도자기로 만들어진 벼루가 남아 있다. 남북국시대 후반부터 고려시대에는 대체로 풍자연風字硯[도4]이 유행하며 조선시대는 일월연日月硯, 사각연四角硯을 비롯하여 모양과 형식이 다양해진다.

[도1] 고구려도기벼루

[도2] 백제녹유벼루파편

우리나라에서 가장 많이 사용된 벼루의 재료는 돌로 고려시대는 청석
靑石을 사용하였고 조선시대는 충청남도 보령의 남포석, 장산곶의 해주연,
평안북도 압록강변의 위원석渭原石이 유명하다. 특히 위원석은 시루떡의
단면처럼 된 자색紫色과 백색白色의 두 가지 층으로 이루어진 돌의 특성을
이용하여 화려하게 조각을 한 일월연日月硯으로 유명하였고 위원단계석渭
原端溪石으로도 부른다.

벼루는 먹이 잘 갈리고 갈아진 먹 고유의 색이 잘 드러나야 한다. 먹을
가는 연당硯堂의 표면은 미세한 봉망鋒芒이 있는데 이 봉망의 강도가 알맞
아야 좋은 벼루라 할 수 있다. 강도가 너무 강하면 먹빛이 좋지 않고 너무
약하면 먹이 잘 갈리지 않기 때문이다.

그렇다면 삼국시대 토기벼루는 실사용實使用에 적합하였을까? 고구려

[도4] 청자퇴화문두꺼비모양벼루

[도5] 청자기린벼루

[도6] 백제청자벼루

[도7] 청자양각용문벼루

정릉사터, 신라 안압지, 백제 미륵사지 등의 건물터에서 출토된 토기벼루를 보면 실제로 사용한 것으로 보인다. 토기벼루의 강도는 경질硬質인 것이 대부분으로 돌처럼 단단하다. 다만 먹의 강도를 돌벼루에 사용하는 먹보다 연하게 하여 잘 갈리도록 하였을 것이다.

도자기벼루(陶磁硯)는 현존하는 유물이 매우 희소한데 실제 사용한 것과 장식용 혹은 부장용 등 여러 가지 용도로 제작된 것으로 보인다. 실제로 사용한 도자기벼루[도6], [도7]는 먹을 가는 연당부분의 유약을 깨끗하게 닦아내서 태토胎土의 거칠한 부분에 먹이 갈리도록 하였고 부장품으로 보이는 도자기벼루[도3]는 연당부분의 유약이 그대로 남아 먹을 가는 기능없이 형태만 벼루로 만든 것이다.

우리나라에서 최초로 제작된 도자기벼루는 삼국시대 백제청자의 벼루[도6]인데 부여 인근에서 출토되어 현재에는 국립중앙박물관에 소장 전시되어 있다. 먹을 가는 연당부분의 유약이 깨끗하게 정리되어 실제로 먹을 갈고 사용하게 만든 벼루이다. 남북국시대는 신라와 발해에서 녹유綠釉벼루를 생산하였으며 고려시대부터는 여러 형태의 수준 높은 청자벼루가 제작되었다. 고려시대 청자벼루는 충청남도 태안 대섬 앞바다에서 출토된 보물 제1782호 청자퇴화문두꺼비벼루(국립해양문화재연구소)[도4]와 보물 제1382호 청자상감국화모란무늬'신축'명벼루(홍라희 소장)[도3]가 국가지정문화재이고 뛰어난 조각이 돋보이는 청자기린벼루[도5]도 전해지고 있다. 필자가 부안청자박물관에 기증한 청자양각용문벼루(青磁陽刻龍文硯)[도7]는 삼국시대부터 유행하던 원형벼루에 기초하며 두 마리의 용을 대칭으로 화려하게 조각하였다. 동물이나 사람, 사물의 모양을 본떠 만든 청자(像形青磁)로는 청자연적青磁硯滴이 대부분이라 상형청자벼루는 희귀한 사례이다. 고려시대부터 본격적으로 만들어진 상형청자연적과 벼루는 조

[도8] 백자참외모양벼루(일본 고려미술관)

[도9] 백자투각청화동화연꽃무늬벼루의 안쪽면

[도10] 벼루의 옆면, 머리, 아래 부분의 투각

[도11] 벼루의 연당과 바닥

[도12] 백자쌍벼루(일본 민예관, 위)과 백자진사당초문쌍면장방연(아래)

선시대 후기에 다양한 형태의 백자[도8]로 제작되어 절정을 이루게 된다.

조선 후기 대표적인 왕실관요王室官窯인 경기도 광주 분원리에서 제작
된 백자벼루의 한자 명칭은 '백자투각청화동화연화문쌍면연白磁透刻靑畵銅
畵蓮花文雙面硯'[도9]이다. 이 명칭을 그대로 풀이하면, '청화안료와 동화안

료를 사용하여 색칠하고 연꽃무늬를 투각한 두 면의 백자벼루'라는 뜻이다. 크기는 가로 22cm, 세로 16.4cm, 높이 6.8cm, 판의 두께 1cm로 도자기벼루로서는 대형벼루에 속하며 조선시대 사대부가士大夫家에서 사용한 귀한 유물이다.

이 벼루는 다섯 장의 점토판을 만들고 투각연꽃무늬를 조각한 후에 상자 모양으로 이어 붙여 제작하였다. 먹을 가는 연당硯堂과 먹이 모이는 연지硯池 부분의 상판은 한 쌍으로 구획을 나누어 만들고 벼루의 머리부분[도10]에는 특이하게 커다란 연지를 하나 더 만들었다.

이러한 사례는 1994년에 오사카 동양도자미술관에서 개최한 '이조李朝의 문방구文房具' 전에 출품되었던 백자진사당초문쌍명장방연白磁辰砂唐草文雙面長方硯[도12]에서도 확인된다. 벼루의 다리역할을 하는 네 개의 측면[도13]은 연꽃과 연밥, 그리고 연잎 무늬를 정교하게 투각透刻하고 동화안료銅畵顔料와 청화안료靑畵顔料를 칠하였다. 특히 벼루측면에 대칭이 되도록 연꽃에 칠한 동화안료의 발색은 전형적인 19세기 분원관요의 발색으로 검붉은 색을 띠고 있다. 청화안료를 칠한 머리부분의 연밥무늬와 아랫부분의 연잎무늬는 복잡하지 않으면서도 활달한 느낌을 주고 세련된 조각솜씨를 보인다. 연당硯堂의 중심 일부는 유약을 닦아내어 먹이 갈리도록 하였으며 태토의 철분을 잘 걸러내고 맑고 투명한 백자유약을 시유하여 모래받침[도14]으로 소성燒成하였다. 도자기벼루는 현존수량이 많지 않은데 특히 쌍면연雙面硯의 경우는 더욱 희소하다.

백자투각청화동화연꽃무늬벼루는(白磁透刻靑畵銅畵雙面硯)[도9]은 청화안료와 동화안료를 함께 사용하고 화려한 투각기법透刻技法을 동원하여 제작하였음에도 불구하고 그 맛이 차분하고 정갈하다.

고대부터 시대에 따라 여러 재료를 사용하여 벼루를 제작한 우리 민족

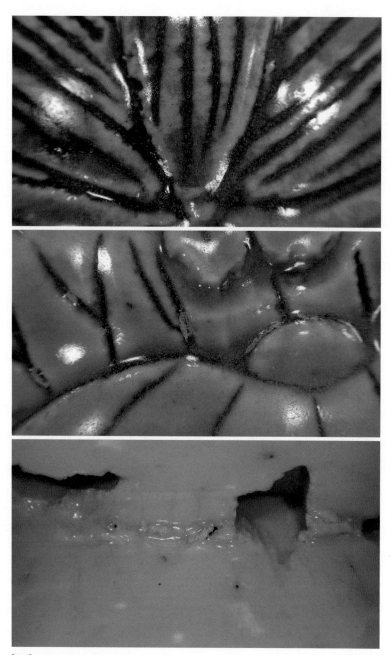

[도13] 벼루의 동채, 청채, 투각뒷면

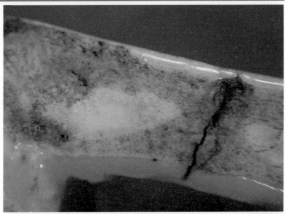

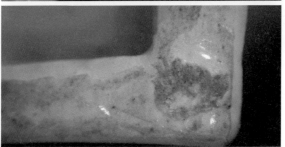

[도14] 벼루의 모래받침 흔적

[도15] 백자투각청화동화연꽃무늬벼루의 연밥투각

은 후세를 생각하여 기록을 남기고 시詩, 서書, 화畵를 즐기는 높은 수준의 문화민족이었다. 특히 삼국시대부터 도자기벼루를 제작하기 시작한 사실은 세계적으로 발달한 도자기 제작기술의 선행점을 높여준다. 특히, 중국에서도 찾아보기 힘든 상형청자벼루[도5]는 세계적인 도자문화를 꽃피운 뛰어난 기술력의 증거이며, 조선시대로 이어진 도자제작기술은 유교사회의 선비정신과 어우러져 조선 후기까지 다양한 문방구를 백자로도 생산하였다.

실향민이 고향을 그리워하듯, 우리 민족도 고구려를 그리워한다. 고구려는 우리 민족의 고향과도 같은 나라이기 때문이다. 고구려가 멸망한 지도 1,300년이 지났지만 그 후손들은 건재하여 또 다른 세계적인 국가를 이루며 그 맥을 이어가고 있다. 그러나 언제부터인가 '한반도'라는 단어가 자주 사용되기 시작하면서 우리가 반도국민半島國民으로 고정되어버린 느낌이다. 대륙인의 기상은 어디에서 찾을 수 있을까? 홍산문화, 고조선, 고구려, 발해에서 찾는 방법으로 우리 옛 시대의 중요성을 다시 한 번 확인하게 된다. 잃어버린 과거의 영토는 현재로서는 어쩔 수 없겠지만 국가의 영역은 항상 유동적이며 변한다는 진리를 결코 잊지 않으면서 과거의 역사를 느끼는 것이 중요하다. 그것이 역사를 배우고 문화유산을 계승하는 가장 큰 이유이기 때문이다.

고구려의 존속기간은 700여 년이지만 고구려의 목조건축물은 하나도 남아 있지 않다. 건물터에 남아 있는 주춧돌과 뒹구는 기와조각만이 건물

[도1] 주연부의 '천상영창' 명문

의 규모를 가늠케 하는 수단이 될 뿐이다. 그래서 고대의 기와에 대한 연구가 활발해진다. 기와의 유무와 소성도, 재질 등의 연구로 건축물의 축조 연대와 규모를 추정할 수 있기 때문에 고대건축을 연구하는 데 있어 고대 기와 연구가 필수요소이다.

우리나라에서 기와가 최초로 생산된 시기는 우리나라 최초의 기와집 건축시기와 같다. 삼국시대는 고구려가 최초로 기와를 생산하고 궁궐과 사원, 고분古墳에 사용하였다. 고구려 국내성國內城의 건물터와 고분에는 아직도 수많은 기와조각들이 산재하고 있다. 고구려기와는 대체로 용도에 따라서 크게 두 가지로 나눌 수 있는데 일반 건축에 사용되는 적색계통의 기와와 고분에 사용되는 흑회색계통의 기와이다. 실제로 국내성의 장군총, 태왕릉, 천추총, 서대묘 등의 왕릉급 고구려고분에서 출토되는 수막새와 기와는 모두 흑회색계통이고 동대자유적, 환도산성 왕궁유적, 평양의 궁궐유적(안학궁은 흑회색 기와 혼용) 등 생활건물터에서 출토되는 막새와 기와는 붉은색계통이 많다. 특히 고분에서 사용된 흑회색의 수막새기와에는 채색흔적도 보여 지붕을 화려하게 장식했던 모습을 알 수 있다.

[도2] 주연부의 '임오' 명문

이 두 점의 명문 수막새는 고구려 국내성의 환도산성 궁궐지에서 출토된 것으로 전해지는 인동무늬수막새(忍冬文瓦當)와 연꽃무늬수막새(蓮花文瓦當)이다. 인동무늬수막새는 중앙의 원형돌기를 중심으로 8군데에서 세 줄기로 갈라지는 활달한 넝쿨무늬를 나타냈고 연꽃무늬 수막새는 8잎의 연꽃잎과 그 사이 간잎을 뾰족하게 표현하였다. 막새부분과 수키와의 접합부분[도3](왼쪽)은 빗질하듯이 홈을 파서 접합이 잘 되도록 하였는데 점

[도3] 수막새의 뒷면과 접합부위의 샤드

토를 덧대어 꾹꾹 누른 손자국이 아직도 남아 있다. 고구려 특유의 기와
제작기법으로 기와파편을 잘게 부수어 흙반죽에 섞어서 성형한 것으로
'샤드'[도3](오른쪽)도 보인다. 현재 남한에서 출토된 고구려수막새는 연천
호로고루산성의 연꽃무늬수막새와 아차산성 홍련봉 제1보루의 연꽃무늬
수막새[도4]뿐인데, 호로고루산성에서 출토된 수막새가 이 명문수막새와
제작방식이 비슷하다.

　이 명문 수막새가 중요한 이유는 막새의 테두리인 주연부에 새겨진 명
문銘文 때문이다. 현재까지 출토된 고구려의 수막새에도 명문이 새겨진 사
례가 있지만 모두 와범瓦範(막새의 문양을 찍어내는 틀)에 새겨서 찍혀 나오
도록 만든 것이다. 그런데 이 수막새들은 와범으로 무늬를 찍은 후에 태토
가 마르기 전에 예리한 도구로 막새의 주연부에 글자를 새긴 것이며 글자
는 각각 '천상영창天祥永昌'[도1]과 '임오壬吾'[도2]이다.

　'천상天祥'은 상서로움을 나타내고 '영창永昌'은 중국 동진東晉의 연호로
서기 322년을 말하는데 그 해가 바로 '임오'년이다. 두 수막새의 제작시기

[도4] 아차산성 출토 수막새(좌)와 호로고루산성 출토 수막새(우)

가 일치한다는 것을 알 수 있다. 즉, 이 수막새기와의 제작연도를 고구려 미천왕美川王이 요동을 정벌하고 2년 뒤인 미천왕 23년(서기 322년)으로 비정할 수 있다. 수막새에 새겨진 명문의 서체는 예서隷書의 필획이 느껴지는 고졸한 해서체楷書體로 당시 유행하던 것이다. 이 수막새는 4세기 초에 이미 붉은색계통의 고구려수막새가 생활건축물에 사용되기 위하여 만들어졌다는 절대연도를 알려주고 있다. 또한 이미 국내성의 고분에서 출토된 흑회색의 '태녕4년명문자수막새'(서기 326년)나 '무술명문자수막새'(서기 338년)[도9]와 제작시기가 겹치므로 용도에 따라서 수막새의 제작문양과 제작기법의 차이를 구별하였음을 알 수 있다. 그리고 환도산성 궁궐지의 건축연대를 기존학설보다 100년 정도(4세기) 올려볼 수 있게 된다.

수막새의 서체로 보아 와공瓦工의 글씨는 아니고 하급관리 이상의 감독관 글씨로 보아야할 것인데, 그가 수막새의 주연부에 제작연도를 표시한 이유는 무엇일까? 표시된 연도는 건물의 신축시기일 가능성이 높은데, 이렇게 고구려수막새가 제작연도를 표기한 사례는 많다. 이 사실로부터 고

[도5] 고구려 명문수막새(위)와
환도산성 궁궐지의 수막새파편(아래)

구려인들이 작은 사물에도 기록을 하여 후세에 남기려는 수준 높은 문화
민족이었음을 알 수 있다.

　우리나라 기와제작의 최최시기는 대체로 4세기로 알려져 있으나 그보
다 훨씬 전부터 궁궐건축이나 관청, 귀족계급의 저택 등에는 기와를 사용
하였을 가능성이 높다. 국내에서 출토되는 유물 중에 서기 2세기에 제작
된 명문전이 출토된 것으로 보아 기와제작은 그보다 훨씬 빨랐을 것으로

추정된다.

삼국시대는 기와의 제작기술이나 예술성이 가장 높았으며 대체로 시대가 내려올수록 제작 수준이 점점 떨어진다. 애석하게도 불에 타버린 남대문의 복원공사에서 사용된 기와에 문제가 있던 것처럼, 요즘 신기술로 아무리 애를 써도 예전처럼 재현하지 못하는 이유는 무엇일까?

[도7] 호로고루산성 출토 기와들

고구려 문자와당 탁본

불감佛龕은 집이나 사찰의 건축물보다 작은 공간에 부처님을 봉안하기 위
하여 모셔놓은 별도의 자리를 의미한다. 불감은 자연암반을 파내어 만든
벽불감을 비롯하여 목재나 도자기, 금속 등 다양한 재료로 사용목적의 크
기와 용도에 맞게 여러 가지 형태로 제작하였다. 사람이 드나들 정도의 커
다란 불감부터 목걸이나 허리띠의 작은 공예품형태까지 매우 다양하게
고안되어 사용하였으며 그 시대의 문화와 정서에 맞는 불감이 유행하였
다. 특히 고려시대는 개인용 호신불감護身佛龕이 성행하여 장신구 등의 작
은 기물을 응용한 금속제불감이 많이 제작되었다. 장신구용 목제불감도
많이 제작되었을 것으로 추정되지만 쉽게 부식되는 재질의 특성상 현존
하는 유물은 거의 없다.

　은제집모양불감[도1]은 은으로 제작된 매우 희귀한 고려시대의 불감으
로 높이 4.3cm의 작은 불감이다. 전각殿閣 모양으로 만들어져서 문을 열
면 아미타좌불이 봉안되어 있다. 전각의 기왓골과 창살, 문고리까지 조각
하여 수준 높은 고려시대의 금속공예를 확인할 수 있다. 금동제허리띠장

[도1] 은제집모양불감(고려시대)

[도2] 금동제허리띠장식불감(고려시대)

[도3] 송광사 고봉국사불감   [도4] 순천 매곡동 석탑청동불감(1468년)

식불감[도2]는 금동제품으로 남자의 허리띠 마디장식 속에 여러 보살상과 주악상奏樂像을 봉안하였던 특이한 불감이다.

고려시대의 대표적인 금동불감金銅佛龕은 송광사에 소장된 고봉국사불감[도3]이며 조선시대의 금동불감은 순천 매곡동 석탑에서 출토된 석탑청동불감[도4]을 예로 들 수 있다. 우리나라 목조불감의 경우는 신라목조삼존불감新羅木彫三尊佛龕(교수신문, 김대환의 문향 제11회, 2015년 7월 20일자)[도5]이 가장 오래된 목조불감으로 필자가 발표하였다. 고려시대의 목조불감은 아직 확인된 유물이 없으며 보조국사普照國師 지눌知訥(1158년~1210년)의 원불願佛로 구전되어 오는 송광사松廣寺 보조국사 목조삼존불감木彫三尊佛龕(국보 제42호)[도6]은 수입품이다. 그리고 나머지 현존하는 대부분의 목조불감은 조선 후기에 제작된 것이다. 조선 후기의 대표적인 목조불감으로는 평창 월정사 남대 지장암의 목조지장삼존불감(강원도 유형문화재 제158호), 영현英賢, 현원賢元이 제작한 광양 상백운암의 아미타삼존불감, 최근에 공개된 목조수월관음보살불감 등이 있다.

[도5] 신라목조삼존불감

　[도8]의 목조아미타판불감木彫阿彌陀版佛龕은 조선 말기의 작품으로 전통적인 삼존불감의 양식을 벗어나 이전보다 더 실용적인 형태의 불감으로 진화한 특이한 사례이다. 목재 중에서도 단단하고 무거운 느티나무 판재를 사용하여 오래 사용할 수 있게 하였으며, 청동으로 만든 경첩의 못도 6개씩 박아서 매우 견고하다. 가로 16cm, 세로 22cm, 두께 3.2cm로 조선시대 서책정도의 크기이다.

　불감을 열면 양면에 아미타삼존불과 나한상을 협시로 배치한 아미타좌불상이 조성되어 있는데 이것은 양각으로 조각한 다음 석채안료石彩顏料를 사용하여 화려한 채색하였다. 오른쪽 아미타삼존불의 도상圖上은 1853년에 영의정 김좌근이 대시주大施主로 제작한 『불설아미타경』[도9]의 변상도와 거의 일치하여 이 목판불감의 제작연도도 19세기 중반경으로 추정할 수 있다. 아미타경은 조선 후기부터 전국에 널리 퍼진 정토사상에 기반을 둔

[도6] 송광사 목조삼존불감

[도7] 목조삼존불감(조선 후기)

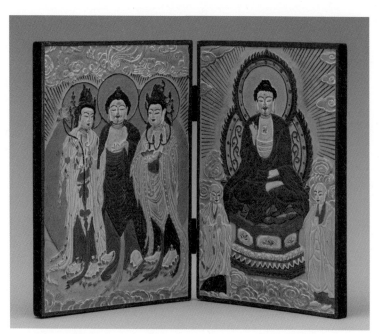

[도8] 목조아미타판불감

불교경전으로 혼란한 사회에 양반과 백성들의 신앙에 많은 영향을 끼쳤다.

아미타불은 무량수불無量壽佛 혹은 무량광불無量光佛이라고도 하며 과거에는 법장法藏이라는 보살이었다. 중생을 구도하기 위해 원願을 세우고 오랜 기간 수행하여 뜻을 이룬 뒤 10겁 전에 부처가 되어 극락세계에 존재하게 되었다. 대승불교의 대표적인 부처로 중생들에게 염불念佛을 통한 정토왕생의 길을 열어주고 있다.

아미타삼존불[도13]은 중앙의 아미타불을 중심으로 관음보살觀音菩薩과 대세지보살大勢至菩薩이 협시보살로 된 삼존불이다. 파란바탕의 하늘에 꿈틀대는 구름을 위아래로 배치하고 중앙에는 연꽃을 밟고 선 아미타삼존불을 양각하였다. 삼존불을 중심으로 하나의 신광身光과 3개의 두광頭光이 불감의 중앙을 차지하고 빛을 발하고 있으며 법의法衣는 통견通絹으로 유

[도9] 불설아미타경(1853년)

려하게 흘러내린다. 가운데 아미타불의 머리에는 정상계주와 중앙계주가 함께 있으며 나발이다. 왼손은 반쯤 들어 올려 엄지와 장지를 맞대고 오른손은 엄지와 장지를 맞대고 아래로 내린 아미타구품인阿彌陀九品印이다. 협시불인 관음보살과 대세지보살은 화려한 화불化佛과 보병寶甁의 보관寶冠을 쓰고 있다. 관음보살은 양손으로 연꽃줄기를 쥐고 있는데 비하여 대세지보살은 연꽃을 왼손 위에 올려놓고 있다. 삼존불의 도상은 전체적으로 둔중하면서도 늘씬하게 뻗어 균형감이 있다. 목에는 삼도三道가 있고 갸름하면서도 볼이 통통한 얼굴과 약간 올라간 눈꼬리가 근엄함을 잃지 않고 있다.

아미타여래좌상[도12]은 높고 화려한 팔각의 대좌 위에 앉아 있는 아미타좌불을 중심으로 온화한 모습으로 합장하고 있는 아난阿難과 가섭迦葉

[도10] 대세지보살과 아미타여래상(얼굴부분)

이 양옆으로 배치되어 있다. 불상의 두광과 신광은 불꽃장식과 연주문, 당초문이 화려하며 빛을 발하고 있다. 불상의 머리에는 중앙계주만 있으며 나발이고 이마에는 백호가 있다. 아미타수인阿彌陀手印으로 오른손은 가슴부위에 세우고 왼손은 자연스럽게 가부좌 위에 올려놓았다. 가슴부위에는 만卍 자를 새겼고 자연스럽게 흘러내린 법의는 불신佛身의 균형을 조화롭게 표현하고 있다. 이 목조아미타판불감은 편리성이 강조되고 도상이 양식화된 조선 말기의 작품이지만 9가지 색의 석채石彩와 금채金彩까지 겸비한 수준 높은 작품이다.

정치, 경제, 사회적으로 극도의 혼란기였던 조선 말기에 오로지 나라의 뿌리인 백성의 평안과 왕조의 안녕을 바라는 염念과 함께 사라져가는 예술혼이 담기고 안타까움마저 깃든 유물이다.

[도12] 아미타삼존불

[도13] 아미타여래좌상

신라금관의 신례*

新羅金冠의 新例

신라시대 | 높이 22cm

1

삼성미술관 리움과 호림박물관은 우리나라 사립박물관의 양대 축을 이루
고 있다. 소장된 유물 중에서 국가문화재로 지정된 것만 해도 수십 점에
이른다. 우리나라의 문화유산을 보호하고 흩어진 유물들을 수집하여 체
계적인 학술의 장으로 편입시킨 공로가 크기 때문에 국가가 해야 할 일을
개인단체에서 경비와 노력을 들여 대신하고 있다고 볼 수 있다.

현존하는 우리나라의 금관은 모두 10점으로 고구려금관 1점(일제강점기
전 평안남도 강서군 보림면 간성리 출토, 개인소장), 가야금관 2점(이건희 소장,
도쿄국립박물관 소장), 신라금관 7점(교동 출토 금관, 서봉총금관, 천마총금관, 황
남대총금관, 금령총금관, 금관총금관, 호림박물관 금관)이다. 백제의 금관은 아
직 알려진 유물이 없으나 일제강점기에 나주 신촌리에서 출토된 완벽한

---

* 호림박물관 소장품으로 박물관에 소장된 유물이지만 유물의 중요도를 감안하여
  특별히 개제하였다.

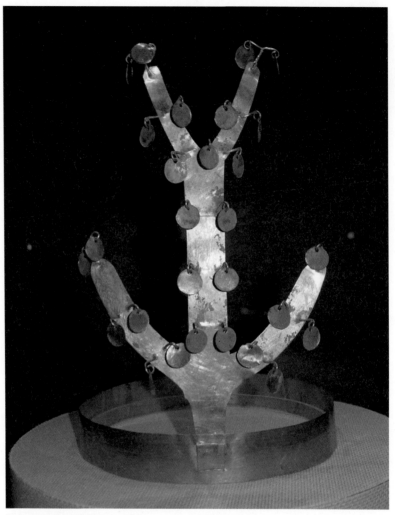

[도1] 신라금관(호림박물관)

형태의 금동관으로 미루어보아 백제금관의 존재가능성도 커진다. 현존하
는 금관이 없다고 하여 백제인들이 금관을 만들지 않았다고 생각하는 것
은 무리가 있다. 신라의 무덤과는 다르게 고구려와 백제의 무덤은 도굴이
쉬운 구조이기 때문에 1,600여년 전에 제작된 극소수의 금관이 도굴당하

[도2] 경주 교동 출토 신라금관과 양양 진전사지 출토 금동용두

지 않고 현재까지 남아 있을 확률은 매우 낮다.

호림박물관에 소장된 신라금관[도1]은 우리나라 금관의 연구에 매우 중요한 의미를 지닌 보배로운 문화재이다. 신라금관의 초기형태를 밝혀주고 금관제작기법의 중요한 측면을 다양하게 내포하고 있을 뿐만 아니라 기존 신라금관 제작기법과는 또 다른 형식으로 신라금관의 전개과정을 알려주는 열쇠 역할을 하고 있기 때문이다. 이 금관은 달개장식의 이음방법, 세움장식의 고정방법, 뒷부분의 특이한 세움장식 등으로 이미 알려진 신라 초기 금관인 경주 교동 출토 신라금관[도2]과의 비교연구를 통하여 신라금관의 새로운 답을 찾을 수 있다.

필자는 논문(「삼국시대 금관의 재조명」, 동아세아 역사문화논총, 2014년)에서 신라금관 세움장식(Y자형, 出자형)의 의미에 새로운 학설을 제기하였다. 신라금관의 세움장식은 나뭇가지가 아닌 정면에서 바라본 용의 뿔(龍角)을 형상화한 것으로 절대왕권의 위엄을 과시하기위한 것이라는 학설이다. 그 증거유물로는 양양 진전사지에서 출토된 금동용두[도2], 안압지에서 출토된 금동용두, 경주 태종무열왕릉비 이수부분의 용진, 신라 용면판와당,

[도3] 신라시대와 고려시대 용의 뿔

고려청자의 용두 등이 있다. 이 유물들에서 용의 뿔이 모두 외뿔이고 Y자
형으로 벌어진 것을 볼 수 있으며, 아울러 초기 Y자형태의 세움장식에서
出자형태의 세움장식으로 변모하는 신라금관의 세움장식은 정면에서 바라
본 용의 뿔(龍角)[도3]을 형상화시킨 것이라는 결론을 내릴 수 있다.

　　호림박물관이 소장한 신라금관은(이하 호림금관) 용의 뿔을 정면에서 본
형상으로 경주 교동 출토 금관(5세기 전반)보다도 더 고식이다. Y자형태
의 세움장식은 금관테를 수평으로 두 줄로 잘라 끼워서 교동 출토 금관(리
벳 고정)보다는 더 오래된 것으로 보이며 금관테에는 달개장식을 달지 않
아 깔끔하다. 금관테나 세움장식의 가장자리에는 교동 출토 금관처럼 타

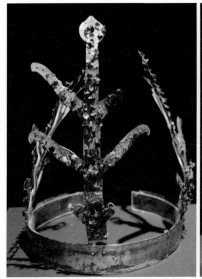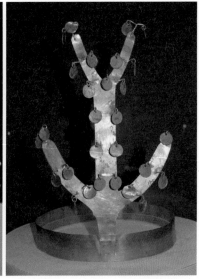

[도4] 5세기의 신라금동관(부산 복천동 출토, 왼쪽)과 호림금관(오른쪽)

점열문打點列文이 없으며 뿔의 끝부분은 몽오리도 생성되지 않았고 단순하다. 교동 출토 금관은 1단이고 3개의 세움장식이 있는데 호림금관[도4]은 2개의 세움장식으로 앞면에 2단의 뿔을 형상화시킨 세움장식과 머리 뒷부분의 결구에 작은 세움장식을 달았는데, 이 장식은 처음 뿔이 생성되는 뿔의 몽오리 모습을 형상화시킨 것으로 보인다. 달개장식을 연결한 금사金絲는 다른 금관의 금사보다 두 배 정도 굵어서 몸통과 달개를 관통하여 한 번만 오므렸으며 네 곳의 뿔 끝부분에 있는 달개만 꼬았다. 달개장식은 한 쌍씩 30개가 달려 있던 것으로 보이고 2개는 유실되어 28개가 남아 있다. 달개장식의 이음방식[도5]은 황남대총 남분에서 출토된 금제조익형관식(보물 제630호) 및 천마총에서 출토된 금제조익형관식(보물 제617호)과 비슷하지만 이보다 선행하는 방식이고 한 줄의 금사에 달개장식을 두 개씩 매다는 특이성을 보인다.

[도5] 호림금관의 달개장식과 관테이음방식

[도6] 고구려불꽃무늬금관(전 평안남도 강서군 출토, 왼쪽)과 백제금동관(국보 제295호, 오른쪽)

20k정도의 금판을 제작하여 금관테와 세움장식을 오려낸 후 절단면의 마감처리를 곱게 하였다. 금관 뒷부분의 이음부분은 세로로 구멍을 두 개 내어 작은 세움장식을 덧대어 금사로 이어 붙였다. 이러한 이음방식은 고구려금관, 가야금관, 신라금관에 고루 나타나는 특징이다.

이 호림금관은 교동 출토 금관[도2], 부산 복천동 출토 금동관[도4]과 더불어 초기 신라금관의 기원을 밝힐 수 있는 국보급 문화재이며 가장 이른 시기에 제작된 최초의 신라금관으로 추정된다. 그럼에도 불구하고 어떤 전공자는 '실견조사'도 없이 저급한 감식안으로 호림금관의 진위여부가 불투명하다며 국보급 문화재를 흠집내고 있다. 점입가경으로 그는 상명대학교 박선희 교수가 논문발표(「신라금관에 선행한 고구려금관의 발전양상과 금관의 주체」, 『백산학보』, 2011)한 고구려금관[도14]도 역시 '유물의 실견'도 없이 가짜라고 무책임한 발언을 한다. 이것은 곧 중국의 동북공정에 편승하는 논리로 "고구려에는 금동관만 있고 금관은 없다."라는 것이다. 심각한 문제는 그런 전공자가 국가의 세금으로 운영되는 관련 공기관에 간부직원으로 소속되어 있다는 것이다.

어느 사람이든 자신과 다른 의견을 주장할 수 있고 비판할 수 있다. 그러나 유물의 진위를 말할 때는 반드시 '유물의 실견'이 선행되어야 하고 실견도 하지 못한 유물의 진위를 운운하는 것은 문화재를 대하는 기본적인 예의조차도 모르는 무지한 행동이다. 문화재를 연구하는 학자나 문화재관련 일에 종사하는 사람들이 새로운 문화재를 찾아내어 바르게 연구하며 보호하고 국민에게 알리지는 못 할망정 오히려 문화재 흠집내기에 앞장서는 행동은 삼가고 처신을 신중히 해야 한다.

1,600여 년을 온갖 우여곡절 속에서도 잘 버텨온 국보급 문화재를 어느 한 사람이 가짜로 전락시킬 수 없는 것은 너무도 당연하다. 우리 민족의 자부심과 역사의 진리가 선조의 유물속에 항상 존재하기 때문이다.

호림박물관

고구려도용(탄금선인)

高句麗 陶俑(彈琴仙人)

고구려 | 가로 12cm 세로 19.2cm 높이 17.5cm

신라에는 왕이 서거하면 남녀 각 5명을 순장殉葬하였고, 고령에 위치한 대가의 경우에는 발굴된 44호분에서 복합적인 고대국가의 순장제도를 확인할 수 있다. 『삼국사기』를 보면 신라 지증왕 3년조(502년)에 왕이 순장을 금지하기 전에는 무덤의 주인공과 시중을 받들던 주변인을 함께 묻는 순장제도가 고대국가에서는 일상으로 받아들였다.

고구려에는 순장의 흔적이 발견된 고분은 발견하지 못하였으나 『삼국사기』에서 "동천왕東川王이 서기 248년에 서거하자 왕을 따라서 죽어 함께 묻히려는 신하들이 많아서 아들인 중천왕中川王이 이를 금지하였지만 장사하는 날에 무덤에 와서 스스로 죽는 자가 많았다."라는 기록이 있다. 이것은 자발적인 순장의 한 단면과 고구려에서 순장을 금지한 시기를 동시에 알 수 있는 대목이다. 백제의 경우 순장에 대한 기록이나 유적유물이 발견되지 않았으나 고구려와 같은 부여국의 계통이므로 순장제도가 행해졌을 것으로 추측된다.

순장은 왕이나 귀족이 죽으면 주변에서 시중을 들던 자들이 스스로 목

[도1] 진시황의 병마용(위, 아래)

[도2] 시녀도용(전한, 도쿄국립박물관, 왼쪽), 슬퍼하는 도용(북위, 낙양박물관, 오른쪽)

[도3] 당삼채시녀도용

[도4] 신라도용 문관상(왼쪽), 슬퍼하는 여인(오른쪽)

[도5] 말 탄사람 신라도용(도쿄국립박물관, 왼쪽), 신라토우(경주박물관, 오른쪽)

[도6] 부여 정림사지 출토 인물상파편

숨을 끊거나 죽임을 당하여 내세에서도 현세처럼 주인을 계속 모시게 하기 위하여 무덤에 함께 묻는 것이다. 그러나 사회가 발전하면서 순장제도가 폐지된 것은 그만큼 순장제도의 폐해가 심각했다는 것을 의미한다. 시종이라도 원치 않는 죽음을 받아들이기는 무척이나 힘들었을 것이기 때문이다.

순장이 금지된 이후에는 무덤 속에 시신과 함께 사람이나 동물의 모형

[도7] 용강동고분의 토우(남북국시대 신라)

[도8] 고구려시녀도용(앞, 뒤)

[도9] 조선시대의 백자명기

을 만들어 부장품으로 매장하게 되는데 재료에 따라서 크게 도용陶俑과 목용木俑으로 양분된다. 대부분의 목용은 부식되어 사라지기 쉽기 때문에 건조한 기후의 지역에서 발견되며, 도용은 자기질磁器質과 토기질土器質이 있는데 시대가 내려올수록 크기가 작아지면서 자기질로 변한다. 대표적인 토기질의 도용은 진시황릉秦始皇陵의 병마용兵馬俑[도1]로 실물크기로 만들어졌으며 시대가 내려올수록 도용의 크기가 작아진다[도2], [도3].

우리나라의 도용[도4], [도5]은 신라에서 많이 볼 수 있는데 사실적 묘사가 뛰어나며 기물의 장식으로 붙여 사용한 토우들도 도용의 부류로 볼 수 있다. 백제의 경우에는 부여 정림사지에서 출토된 도제인물상陶製人物像[도6]을 도용으로 보는 경우가 있으나(탑지 출토. 탑에 안치하는 소조상) 무덤의 도용과는 거리가 멀다. 남북국시대 신라의 대표적인 유물로는 용강동 고분(1986년 발굴)에서 출토된 28점의 인물도용[도7]을 들 수 있는데 도용의 종류도 다양하며 얼굴모습과 자세도 각기 다르다. 당나라의 의복을 착용하였으며 회를 바르고 채색한 흔적을 볼 수 있다. 모두 무덤의 주인공을 보좌하는 현실세계의 인물상들이다.

고구려의 도용도 알려진 사례가 거의 없으며 중국 요령성 여순시 철산구에서 출토된 3점의 인물도용과 박선희 교수가 발표한 고구려시녀도용('진영화을사년'명)[도8] 뿐이다.

고려시대의 경우에는 도용을 부장한 사례가 거의 없으나 간혹 작은 청자말 등이 출토되거나 일상용기로 부장품을 대신하게 되고, 조선시대로 내려오면 나무로 만든 목용이나 자기질의 백자도용이 성행하는데 이것을 명기明器[도9]라고 부른다.

필자가 확인한 고구려도용은 거문고를 타고 있는 신선의 모습으로 '탄금선인彈琴仙人'[도10]이라 한다. 고구려 벽화고분인 무용총의 현실 천정부 고임 오른쪽부분에 그려진 탄금선인[도11]과 모습이 거의 유사하다. 왼쪽 뒤로 기울어진 상체는 거문고에 심취하여 열중하는 모습을 나타내며 무릎 위에 올려놓은 거문고 줄을 튕겨내는 손가락[사진12]까지 빠짐없이 묘사하였다. 기다란 목과 삼산관三山冠 형태의 머리는 무용총벽화의 도상과 일치하며 천의 사이로 살짝 나온 발도 비슷하다. 중국의 도용처럼 섬세하게 제작되지는 않았으나 노련함과 거침없는 기상이 엿보인다. 사각판의 점토 위에 앉은 인물상을 조성하여 붙였으며 사각판의 바닥에는 고구려 기와에서 보이는 샤드[사진13]와 마포 흔적이 있고 중앙에는 "태제궁○○ 太齊宮○○"이라는 명문[사진15]이 있다. 도용의 표면에는 전체적으로 회灰가 들러붙어 있는 상태이고 붉은색 점토질로 보이는 것은 철분이 많이 함유된 태토에 산화소성酸化燒成을 한 것으로 추측된다.

그동안 출토된 대부분의 도용은 무덤주인공과 관련된 현실세계의 인물이나 동물들과 진묘수 등이 대다수를 이루고 있는데 도용이 가장 많이 출토된 중국의 경우도 마찬가지였다. 그런데 이 고구려도용 '탄금선인'은 현

[도10] 고구려도용(거문고를 타는 선인)

[도11] 고구려 무용총벽화(거문고를 타는 선인)

[도12] 거문고를 타는 손

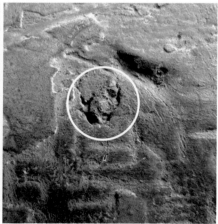

[도13] 선인의 얼굴과 고구려도용 바닥의 샤드

[도14] 도용의 왼쪽면과 뒷면

[도15] 고구려도용바닥의 명문(태제궁○○)

실세계가 아닌 천상세계의 인물을 표현한 도용이기 때문에 매우 이례적이며 중국과는 또 다른 고구려만의 문화적인 특징을 찾을 수 있다. 고구려인의 천하관天下觀이 무덤의 벽화뿐만 아니라 같이 부장된 도용에서도 나타나게 된 것이다. 지금은 텅 비어 있지만 고구려 벽화무덤 속에는 많은 부장

[도16] 고구려 명문도판(중천왕 즉위교서 벽비와 동천왕 양위교서 벽비)

품과 함께 벽화에 그려진 현실세계와 천상세계의 인물人物과 선인仙人들이 도용으로 제작되어 매장되었던 것을 알 수 있다.

고구려도용의 실체는 그 수량이 비록 드물게 확인되었지만 그것으로부터 고구려인의 부장문화를 예측할 수 있게 되었다. 당시 중국과의 빈번한 교류를 생각하면 고구려인 역시 피장자와 관련된 여러 도용을 제작하여 함께 묻은 것으로 생각해볼 수 있다. 그동안 천 년 넘게 고구려고분의 도굴盜掘이 계속되어 그 실체를 확인하기 어려웠지만, 간혹 도굴될 위협에서 살아남은 유물들이 우리 조상들의 찬란한 문화를 또다시 일깨워준다.

조선 초기 백자통형병

朝鮮初期 白磁筒形瓶

조선 초기 | 높이 14.3cm 입지름 4.3cm 굽지름 6.5cm

일반적으로 원통 모양으로 생긴 병을 통형병筒形瓶이라고 한다. 삼국시대에 토기로 제작된 사례가 있으나 흔하지 않으며, 남북국시대 신라에 와서야 본격적으로 도기로 생산되었고 형태도 가장 안정적으로 완성된다. 기다란 원통형의 몸통에 직각인 어깨와 짧은 목, 벌어진 입은 턱이 지고 벌어진 경우도 있다. 인화무늬통형병[도1]은 남북국시대 신라 말기에 제작된 것으로 어깨와 몸통에는 물결무늬와 점열무늬를 번갈아가면서 새겨 넣었다. 굽은 별도로 붙이고, 입구는 짧고 턱져 있는데 이것은 고려시대 청자 통형병 입모양의 원류原流가 된다.

남북국시대 신라에서 본격적으로 생산된 통형병은 고려시대에 이르러 여러 종류의 청자로 제작되기 시작한다. 그 대표적인 사례로는 청자철화 버드나무무늬통형병(국보 제113호, 국립중앙박물관 소장)[도2]과 청자철채상감시명통형병(오사카동양도자미술관 소장)[도3]을 들 수 있다.

조선시대 통형병은 이미 조선 중기(17세기)에 철화백자로 제작된 백자 철화대나무무늬통형병(국립진주박물관 소장)[도4]이 있으나 대체로 18세기

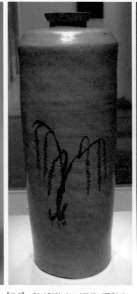

[도1] 안화무늬통형병   [도2] 청자철화버드나무무늬통형병   [도3] 청자철채상감시명통형병

이후에 제작된 사례가 많다. 백자청화시명통형병[도5]은 목이 긴 형태인데 18세기경에 제작되어 목이 길게 변화한 형태이며 19세기에 제작된 통형 병으로 모두 분원分院 관요官窯에서 제작된 왕실용 백자[도6]~[도8]이다. 바 닥굽은 몸통의 크기만큼 넓게 안굽으로 만들어서 더욱 안정감이 있고 상 대적으로 입구는 작아져 몸통에 담긴 술 등의 액체가 새지 않게 하였으며 통형병의 종류도 다양해진다.

그러면 조선시대 전기에 제작된 통형병은 어떠할까? 그동안 이 시기에 제작된 통형병에 대한 문헌이나 유물이 출현하지 않아서 막연히 추론할 수밖에 없었다. 심지어 조선 전기에는 통형병을 생산하지 않았을 것이라 는 생각도 들었다. 고려시대에서 조선시대로 왕조가 바뀌면서 문화의 변 화로 통형병의 생산이 일시적으로 단절 될 수도 있기 때문이다. 전래된 유 물이 없으니 틀린 이론이라고 반론을 제기하기도 어려웠다. 아울러 같은

[도4] 백자철화대나무무늬통형병　　　　　[도5] 백자청화시명통형병

시기의 중국 명나라의 백자를 살펴보아도 우리나라 통형병 형태의 도자기는 찾아보기 힘들기 때문이다.

조선 전기 백자는 명나라 백자의 기형을 모방하여 제작한 사례가 많다. 당시 통형병은 중국에서는 흔히 제작하지 않았던 기형이라서 자연스럽게 조선 전기에는 통형병을 제작하지 않았다고 단정할 수도 있다. 그러나 최근 발견한 조선 전기에 제작된 백자통형병白磁筒形瓶[도9]은 그동안의 많은 궁금증을 일시에 풀어주게 되었다.

백자통형병은 최근에 필자가 직접 조사한 유물로 조선 초기에 경기도 지방의 왕실관요王室官窯에서 제작된 통형병이다. 그동안에는 조선 초기 관요에서 제작된 통형병의 사례가 없어서 두근거리는 마음을 안고 실견한 유물이다.

[도6] 백자이화문통형병   [도7] 백자화문통형병   [도8] 백자철재통형병

도자기의 입구[도10]는 조선 전기 병의 입구 모양으로 약간 외반되어 있다. 바닥굽[도11]은 단면이 역삼각형인데 굽의 중심이 약간 올라온 조선 전기 병이나 대접의 바닥굽과 동일하다. 굽에는 또 작은 석영질의 모래알이 붙어 있다. 갑발을 사용하여 고운 모래받침으로 번조한 상품백자임에 틀림없다.

도자기의 중심이 되는 몸통은 원통형으로 배흘림기둥처럼 약간 유선형이며 어깨와 몸통은 거의 직각을 이룬다. 병의 높이는 14.3cm, 입지름 4.3cm, 굽지름 6.5cm로 안정적인 기형이고 세련미와 조형미가 뛰어나다. 맑고 투명한 유약을 몸통에 두껍게 골고루 시유하여 몸통 전체에서 설백색의 광채가 나는데 어깨의 일부분에는 흙물이 붙어 있다. 경질백자로 고화도의 소성을 하였으며 빙렬은 없다. 왕실에서 특별히 주문받아 생산된 것으로 추정되며 제례용으로 사용된 후에 부장副葬된 것으로 보인다. 전체적으로 단아하고 안정된 기형으로 몸통에 물레질흔적을 다듬었으며 바닥

굽과 구연부의 처리도 깔끔하다.

이 백자통형병은 그동안 알 수 없었던 조선 초기 통형병의 형태를 알게 할 뿐만 아니라 우리나라 통형병이 공백기 없이 꾸준히 제작되어온 것을 입증해주는 중요한 유물이다.

삼국시대에 제작된 도기부터 남북국시대 신라를 거쳐 고려시대와 조선시대에는 청자와 백자 약 1,500년 동안 도자기는 제작되어 왔다. 단절되지 않고 한결같은 모양의 도자기가 우리 민족의 정통성과 연속성이 끊임없이 이어져 내려와 유물 속에 내포되어 있는 것이다. 한 가지 형태의 병이 이렇게 긴 세월 동안 지속적으로 만들어진 사례는 세계적으로도

[도10] 병의 입구부분

[도11] 병의 바닥굽부분

드물다.

　문화는 시대에 따라 주변국과 교류하면서 변화한다. 조선 초기에 유교적 사상에 입각한 왕조가 중국의 문물을 도입하고 백자제작도 일부는 모방하였지만, 모방 속에서도 전통적인 우리 민족 고유의 통형병을 새롭게 탄생시키고 발전시켰다.

백자청화거북이모양연적

白磁靑畵龜形硯滴

조선 후기 | 길이 10.5cm 높이 4.6cm

경기도 광주 남종면 분원리에는 조선시대의 마지막 왕실관요가 있었다. 정부기관인 사옹원司饔院에서 직접 파견한 분원으로, 대략 18세기에서 19세기말(1884년)까지 200여 년간 왕실의 어기御器와 궁중의 사기沙器를 제조하여 궁중의 봉상시나 내의원 등에서 필요한 백자를 생산하고 납품하였다. 한 해의 생산량은 일정하지 않았는데『육전조례』에는 1,372죽이었다고 기록되어 있으며 분원의 생산관리는 종8품의 봉사奉事가 하였다.

서서히 몰락해가던 조선왕조의 어두운 그림자가 드리워지는 시기에 분원리의 왕실관요에서는 더욱더 복잡해지는 사회정세와 왕실의 변화에 부응하여 다양한 종류의 백자를 생산하게 된다.

그중에서도 유교를 숭상하는 선비의 필수품인 문방용품文房用品은 과거에 비하여 비약적인 발전을 하게 되는데 특히, 연적의 모양이 다양하게 생산된다.

연적은 그림을 그리거나 붓글씨를 쓸 때 벼루에 알맞은 양의 물을 떨어뜨리기 위한 도구로 도자기, 금속, 돌 등의 재료로 만든다. 도자기연적은

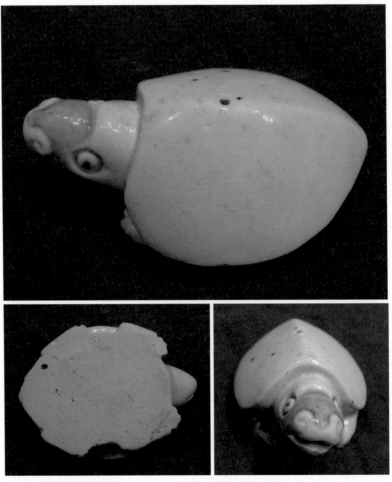

[도1] 백자청화거북이모양연적

고려시대 청자, 조선시대 분청사기와 백자, 옹기, 도기 등 신분과 용도에 따라서 다양한 모양으로 제작되어왔다.

조선왕조의 마지막 왕실관요인 분원에서 제작된 백자연적은 왕실은 물론이고 사대부가士大夫家의 선비들도 선호하여 수요가 증가하여서 많은 양을 제작하게 된다. 길상吉祥을 뜻하는 동물이나 과일, 집 모양 등의 상형

[도2] 백자청화거북이모양연적과 청자거북이모양연적

[도3] 여러 종류의 동물모양 백자연적

연적像形硯滴이 제작되어 사랑방의 문갑이나 사방탁자, 벼루함에 놓여 조선선비의 풍류와 문기文氣를 한층 더 고취시켜주는 역할을 담당했다.

[도1]의 백자청화거북이모양연적은 19세기에 분원관요에서 제작된 작품으로 장수의 의미를 내포하고 있으며 등과 입에 구멍이 나 있다. 몸통과 꼬리, 발은 간략화시켰으나 머리부분은 약간 기울이고 코, 눈, 입을 과장되게 조각하여 거북이의 특징을 잘 살려냈고 해학적인 맛도 살아 있다. 특히 눈과 주둥이 부분에만 청화안료를 절제되게 사용하여 익살스러움을 강조하였다. 정선된 백토에 담청색의 맑고 투명한 백자유약을 몸통에 골고루 시유하였으며 고운 모래받침으로 소성한 후 갈아낸 이 연적은 한 손으로 거머쥐기 쉽게 만든 알맞은 크기이다.

2016년에 서울의 한 경매장에서 6,800만 원에 낙찰되었다.

고구려불꽃무늬금관의 달개장식 부분

삼국시대 금관의 재조명

김대환*

I. 머리말

고대古代의 왕국에서 제작되어 현재까지 전해지는 금관은 전 세계에 모두 14점 뿐이다. 그중 10점은 삼국시대에 제작된 우리나라의 금관이고 4점은 메소포타미아 우르의 왕 금관, 고대 그리스 에트루리아 금관, 아프가니스탄의 틸리아 테페 6호분 출토 금관, 호흐라치 무덤군 출토 사르마트금관이다.

우리나라의 금관은 고구려금관 1점, 가야금관 2점, 신라금관 7점이다. 고구려의 금관[도1]은 일제강점기에 평안남도 강서군 보림면 간성리 고구려고분에서 출토된 것으로 최근 발표된 것이고, 가야의 금관 역시 한 점은 일제강점기에 경상남도에서 출토되었다고 전하는 일본 도쿄국립박물관

* 상명대학교 역사콘텐츠학과 석좌교수.『동아세아 역사문화논총』(서경문화사, 2014.)에 게재한 논문을 수정보완하였음.

소장의 오구라컬렉션 금관이며, 다른 한 점은 고령지방에서 출토된 것으로 전하는 이건희 소장 금관으로 2점이다. 고구려금관과 가야금관은 일제 강점기 전후에 출토되어 출토지가 정확하지 않다. 반면에 신라의 금관은 전 교동 출토 금관과 호림박물관 소장 금관을 제외하면 모두 공식적인 발굴을 통하여 수습되었으며 서봉총금관, 금령총금관, 천마총금관, 황남대총금관, 금관총금관으로 모두 7점으로 제일 많다. 한편 백제의 금관은 아직 발견되지 않았으나 전라남도 나주 신촌리에서 출토된 백제금동관으로 미루어보면 백제에서도 충분히 금관을 제작하였으리라 추측할 수 있다. 아직 발굴되지 않은 수십여 기의 왕릉급 신라고분속 금관과 그동안 발굴된 금동관, 은관, 동관 등을 포함하면 고대왕국의 금관은 우리나라에서 유일하게 체계적인 발전과정을 거쳐 사용되었다고 볼 수 있다.

이 글에서는 삼국시대 국가별 금관의 조형적 특징과 의미, 금관의 실용 여부, 삼국시대 신라금관의 자생설[1]과 북방전래설[2]에 대하여 논하고 특히, 신출 고구려금관과 신라금관의 세움장식에 대한 의미에 대하여 심층 재조명해본다.

II. 고구려의 금관

고구려의 왕릉급 고분은 신라의 적석목곽봉토분과는 달리 돌방형 석

---

1 박선희, 『우리 금관의 역사를 밝힌다』, 지식산업사, 2008. 임재해, 『신라금관의 기원을 밝힌다』, 지식산업사, 2008.
2 김열규, 『한국의 신화』, 일조각, 1975. 김병모, 『금관의 비밀』, 고려문화재연구원, 1998.

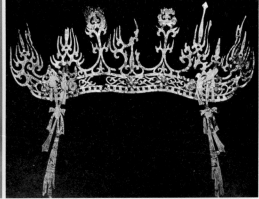

[도1] 고구려불꽃무늬금관   [도2] 고구려불꽃무늬금동관

실분으로 도굴에 매우 취약하여 고구려 멸망 이후 근대까지 1300여 년 동
안 같은 고분이 수십 차례에 걸쳐서 도굴·훼손되어왔다. 그런 연유로 현
재까지 고구려의 왕릉급고분이 처녀분으로 발굴된 사례가 없으며 간신
히 남아 있는 유물의 파편으로 부장품의 종류를 추측하거나 과거 혼란기
에 도굴되어 전세되어온 유물로 추정하여 당시의 문화수준과 생활상, 부
장풍습을 생각할 수밖에 없다. 특히 1차적 도굴의 대상이 되는 금속 유물
중에 금제품은 거의 모두 도굴되었다고 하여도 과언이 아니다. 이러한 상
황에서 1950년 한국전쟁 이후 북한의 평양 청암리 토성 부근 도로확장공
사 도중에 기와파편이 널려 있는 건축물유적지에서 고구려금동투각화염
문관高句麗金銅透刻火焰文冠 한 쌍이 발굴되어 고구려 금관양식의 기본이 되
었다.[3] 그러나 이 금동관은 출토지가 고분이 아닌 건물지이고 관테의 길

3 황욱,「평양 청암리 토성 부근에서 발견된 고구려 금동유물」,『문화유산』 5, 과학
   원출판사, 1958.

[도4] 금동투각장식

[도3] 금동세움장식 　　　　　　　　　　[도5] 금동관장식(중국 요령성박물관)

이가 25.4cm밖에 되지 않아 사람의 머리에 착용하였을 경우에 양쪽 귀부
분에서 끝나며, 관테의 양끝을 연결해주는 이음새도 없다. 제작기법도 일
반적인 금관과는 다르게 연주문과 인동문의 관테와 두 종류의 화염문을
세움장식으로 한판에서 투각하였으며, 드리개장식과 관테에 별도로 붙
인 두 개의 화염문 장식 등은 이동이 필요 없는 고정적인 상황에 필요하
게 만들었다. 즉, 일본 호류사에 있는 백제 목제관음보살의 금동보관과 제
작용도가 일치한다. 건물지에서 한 쌍이 출토 된 것도 협시불 2구의 것으
로 추정되며 이러한 정황으로 청암리 토성 부근 건물지에서 출토된 금동
관은 사람이 사용한 금관이 아니고 목제보살상의 보관용으로 사용되었을
확률이 높다. 그 밖에 고구려의 금관에 관련된 유물로는 완전품은 아니지
만 국립중앙박물관 소장의 전 집안 출토 금동관장식 3편[도3], 금동투각장

[도6] 고구려금관과 동반출토된 금제귀고리, 금동유물

식 1편[도4]과 중국 요령성박물관 소장의 집안 출토 금동관장식[도5]이 있고 고구려계 금동관으로는 경상북도 의성 탑리 출토 금동관과 황남대총 출토 은관이 있다. 그밖에 전 동명왕릉, 우산 922호묘, 마선 2100호묘, 천추총, 태왕릉에서 금달개장식이나 금관테 조각이 발견되어 고구려금관의 존재를 추정할 뿐이다. 일본의 천리대학 참고관에 전 평양 출토 고구려금동관으로 알려진 유물[도10]이 있으나 가느다란 관테는 근래에 만든 것이어서 용도를 추정하기가 어렵다.

이렇듯 고구려유물 자료가 빈약한 상황에서 근년에 발표된 전 강서군 출토 고구려금관의 출현은 고구려금관으로서는 유일할 뿐 아니라 고구려금관의 실체를 알 수 있는 획기적인 사건이었다. 이 금관은 일제강점기에 평안남도 강서군 보림면 간성리의 한 고분에서 출토되어 전해진 개인소장유물이며 동반출토유물로 추정되는 굵은고리 금귀고리, 금동행엽, 금동방울, 금동갑옷편, 금동못, 금동달개장식, 금동운주, 금동화형장식 등 여러 점의 고구려유물[도6]과 함께 박선희 교수가 최초로 연구발표하였다.[4] 다행히도 일제강점기 거래자의 명함과 고구려금관 출토지의 묵서명이 남아 있어서 금관연구에 중요한 단서를 제공하였다.

[도7] 달개장식   [도8] 점선문

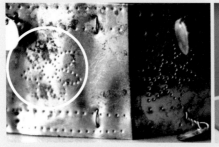

[도9] 꽃문양과 결구   [도10] 천리대금동관

[도11] 불꽃거치문   [도12] 세움장식 이음

 이 고구려금관의 기본형식은 관테에 두 종류의 화염문양의 세움장식 7
개를 이어 붙인 형식으로 전형적인 삼국시대의 금관 양식이다. 금관의 총

---

4 박선희,「신라금관에 선행한 고구려금관의 발전양상과 금관의 주체」,『백산학보』
  제90호, 2011.

높이는 15.8cm이고 금관테의 지름은 윗지름이 19cm, 아래지름이 19.5cm 이다. 금관테의 넓이는 3.4cm이며 둘레길이는 59cm이다. 세움장식의 높이는 13.7cm이고 넓이는 6.3cm이다. 관테와 화염문 세움장식에는 모두 242개의 달개장식을 화려하게 달았는데 관테에 38개를 달았고 두 종류의 화염문의 세움장식에는 140개와 62개의 달개장식을 달았다.[5] 금관테에는 종속문양으로 위아래 두 줄의 점선문이 있고 주문양[도9]으로 7옆의 꽃 16과가 연속하여 점선문點線文으로 조각되어 있으며, 화염문의 세움장식 가장자리에도 일정한 간격과 깊이로 점선문을 찍어 넣었다[도8]. 또한, 금관테의 아래지름이 윗지름보다 0.5cm 넓은 것은 사람머리의 생김새를 고려하여 인체공학적으로 제작한 것이며 각기 다른 두 종류의 화염문의 크기를 같게 만든 것은 세움장식의 일정한 간격유지로 금관의 균형을 유지하려고 한 것이다. 화염문의 세움장식에 달려 있는 달개장식[도7]은 절대 나뭇잎이 아니며 움직임에 따라 빛의 산란과 반사로 더욱 화려하고 존엄한 존재로 보이는 시각적 효과와 청각적 효과를 얻기 위한 삼국시대 널리 사용된 금속공예기법이다. 달개장식의 제작은 하나씩 금판에서 오려낸 것으로 고구려 방식이며 백제나 신라의 경우처럼 딸정으로 찍어내지 않았다. 세움장식과 금관테의 연결은 접합부위[도12]의 네 곳에 두 개씩의 구멍을 뚫고 모두 금사로 꼬아서 연결시켰으며 금못도 사용하지 않았다. 이와 같은 연결방법은 전 고령 출토 가야금관에서도 나타난다. 금관테의 뒷부분 이음방식은 태왕릉에서 출토된 금관테조각의 이음방식[도9]과 같이 겹쳐지는 곳의 위아래에 2개씩의 구멍을 뚫고 수직으로 금사로 꼬아서

---

5   달개장식은 나뭇잎을 표현한 것이 아니다. 당시 금속공예품을 더욱 화려하고 빛나게 하는 기법으로 금동신발, 조익관, 허리띠, 목걸이, 금제곡옥, 금동관모, 마구류 등에 빛을 반사하는 장식적 효과를 주기 위해 달았다.

[도13] 불꽃 세움장식의 비교(청암리 출토 금동관, 오른쪽)　　[도14] 불꽃 세움장식의 비교(청암리 출토 금동관, 오른쪽)

마감하였다. 금관의 세움장식이나 관테에 있는 점선문[도8]은 화려한 시각적 효과와 금관이 휘어지지 않게 하는 기능적 효과를 얻기 위한 것으로 이러한 세밀함과 과학적인 제작기법에서 고구려장인의 지혜를 엿볼 수 있다.

　전 강서군 출토 금관과 청암리토성 출토 금동관의 화염문 세움장식은 약간의 차이만 있을 뿐 화염문양까지 거의 일치한다. [도13]과 [도14]는 이 두 유물에 있는 두 종류의 화염문 세움장식을 비교한 것이다. [도13]에서 전 강서군 출토 금관은 3단의 화염문이고 토성리 출토 화염문은 2단으로 되어 있다. 윗부분의 둥그런 불 봉오리 안에는 불꽃심지가 있고 타오르는 심지의 표현을 각각 거치문과 깃털처럼 꼬아서 표현하였다. [도14]는 또 다른 형태의 불꽃으로 이 역시 화염문이 3단과 2단으로 다를 뿐 불꽃의 문양은 같고 특히 중앙의 제일 높은 불길은 마름모꼴로 표현하였는데 덕흥리 벽화고분의 화염문에서도 불꽃끝을 마름모꼴의 불길[도15]로 표현하는 같은 기법이 사용되어 이 금관들은 덕흥리 벽화고분과 비슷한 시기

에 조성된 것으로 생각된다. 화염문 윗부분 봉우리 속에는 불꽃의 심지를
표현한 것으로 이것을 식물의 잎으로 착각할 수 있다. 그냥 보이는 대로
세 개의 나무잎처럼 보이니까 삼엽문三葉文이라 하기도 하지만, 활활 타오
르는 불꽃심지와 식물의 삼엽문은 어울리지도 않을 뿐더러 크나큰 개념
적 차이가 있기 때문이다. 백제의 무령왕릉 출토 금제관식[도21]에 화염문
과 꽃문양이 조합된 것은 이 고구려금관이 제작되고 100여 년 이후에 만
들어진 백제의 양식이므로 이를 시대를 거슬러 올라가 고구려의 화염문
속에 적용하여 불꽃 속에 삼엽문이 있다는 오류를 범해서는 안될 것이다.
화염문 속의 불꽃심지는 꺼지지 않고 영원히 타오르는 불꽃처럼 고구려
인의 역동성과 시대상을 잘 반영하고 있는 것을 의미하는 것이기 때문이
다. [도14]에서 화염문의 정상부분에 마름모꼴의 불꽃끝장식이 고구려 덕
흥리 벽화고분에서 현실세계와 천상세계를 나누는 화염문의 마름모꼴 불
꽃끝장식과 정확히 일치하는 것은[도15], 덕흥리 벽화고분의 조성시기가
서기 408년으로 광개토왕 18년이므로 동반출토유물과 함께 이 금관의 조
성시기를 대략 4세기 말에서 5세기 초로 비정할 수 있다는 말이다. 이 시

[그림 1] 고구려금관(위)과 고구려금동관(아래)

기는 고구려의 강력한 절대왕권이 이미 확립되었으며 왕국의 영토가 넓게 확장되었던 전성기이다. 덕흥리 벽화고분의 삽도[도15]를 참고하면 천상계와 현실계를 나누는 화염문은 벽실의 네 면에 이어져 있는데 그것이 바로 고구려금관의 원형이 되는 것이다. 천상계와 현실계를 이어주는 매개자적인 역할은 고대왕국의 막강한 왕권을 가진 절대군주만이 할 수 있었고, 그 상징물이 바로 끊이지 않고 활활 타오르는 영원한 태양과도 같은 불꽃을 간직한 고구려의 화염문금관인 것이다.

청암리토성의 금동관은 인간은 사용할 수 없고 협시보살만이 사용할 수 있는 신성한 보관寶冠이었다면, 그보다 한층 존귀한 황금관은 천손의식天孫意識과 일월지자日月之子로 융합된 절대왕권의 고구려태왕高句麗太王만이 소유할 수 있었을 것이다. 한편, 이 고구려금관의 성분분석 결과[6] 약

80%의 금과 약 20%의 은으로 합금되어 있었고, 실생활의 의식용으로 사용할 수 있게끔 세움장식이 잘 세워지고 관테도 견고하게 만들어져 있다.

III. 백제의 금관

현재 백제의 금관은 알려진 유물이 없다. 다만 전남 나주 신촌리 9호분 을관乙棺에서 금동관[도16]이 금동관모와 금동신발, 환두대도와 함께 출토되어 고구려, 신라, 가야와 같은 계열의 금관문화가 있었다는 것을 알 수 있게 되었다. 이 고분은 마한의 전통을 계승한 백제고분으로 영산강유역을 다스리던 수장首長의 묘로 추정된다. 이 시기 백제도성의 왕도 이러한 형식의 금관을 제작하여 사용하였을 가능성이 높다. 다만 백제의 왕릉급 무덤도 고구려와 마찬가지로 도굴에 매우 취약한 구조여서 이미 도굴된 유물을 우리가 볼 수 없을 뿐이다. 약 100년 후에 조성된 무령왕릉에서는 금제세움장식이 출토되었지만 관테가 없는 상태여서 삼국시대 금관의 기본형에는 이르지 못하며 천이나 가죽의 관모에 부착하였던 장식품으로 생각된다. 그리고 이 시기에 왕릉에서 금관이 출토되지 않았다는 것은 이미 신촌리 금동관 형태의 금관제작이 소멸되었다고 볼 수 있다. 금관이 발견되지 않은 백제의 금관은 신촌리 출토 금동관으로 추정하여 연구하는 방법이 차선책 일 수 있다. 고구려, 신라, 가야에서도 재질만 다를 뿐 금관의 양식은 금동관과도 유사하기 때문이다. 이 금동관의 외관은 관테에 똑같은 3점의 화염문 세움장식[도16]을 달았는데 가운데 화염문을 중심으로

---

6 박선희,『고구려 금관의 정치사』394쪽, 경인문화사, 2013, 성분분석표 별첨.

[도16] 나주 신촌리 출토 백제금동관, 세움장식부분

양옆에 하나씩 3개의 불꽃이 기본을 이루고 있으며 불꽃의 끝부분은 유리
구슬을 달아서 화려함을 더하였다. 세움장식은 두 개씩의 고정못을 사용
하여 금동관테[도19]에 부착시켰다. 이 세움장식은 화염문양인데 식물문
양으로 오인될 수 있으나 청암리토성 출토 고구려금동관이나 전 강서군
출토 금관의 세움장식과 양식상으로 일치하는 면이 있어서 그 공통점을
면밀히 조사할 필요가 있다. 이 금동관의 세움장식 윗부분의 불꽃심지와
아랫부분에 뻗어나간 불꽃가지의 표현 등이 고구려금관과 매우 유사하기
때문이다[도18], [도20]. 그리고 고대통치자의 머리 위에 절대권력과 신비
성을 상징하는 문양은 화염문양이 식물문양보다는 더욱 설득력이 있다.

　금동관테의 장식은 관테의 상단과 하단에 각 두 줄의 점선문과 그 사이
에 구슬문양을 찍어 종속문양從屬文樣으로 둘렀으며 중앙의 공간에는 주
문양主文樣으로 7엽의 꽃문양을 점선문으로 찍어 일정한 간격을 두고 새
겨 넣었다. 뒷부분의 금동관테가 유실되어 꽃문양이 몇 개 였는지는 확인
이 안 되지만 현재 9과가 남아 있다. 관테[도19]의 상단에는 점선문 사이에

[도17] 화염문장식   [도18] 고구려불꽃장식   [도19] 금동관테, 꽃문양

[도20] 화염문세움장식   [도21] 무령왕릉 금제관식(왕, 왕비)

는 달개장식을 달았고 하단에는 달지 않았으며 관테의 뒷부분은 결실되
어 이음방식은 알 수 없다. 이 금동관[도20]에는 관테나 세움장식, 금동관
모에 매우 정교한 점선조기법이 나타나는데 모두 뒷면에서 찍어내어 볼
록 튀어 나오게 하는 양각陽刻의 효과를 얻고 있다. 관테와 세움장식에 붙
인 달개는 모두 딸정으로 찍어 내어 금동사金銅絲로 꼬아 붙였으며 절풍으
로 볼 수 있는 금동관모는 이글거리는 점선조의 화염문이 새겨진 두 개의
금동판으로 제작하였다.

　신촌리 9호분의 금동관은 고구려의 금관과는 제작기법이나 형태가 완
전히 일치하지는 않으나 [도19]에서 관테에 7엽의 꽃문양이 점선조로 새

[그림 2] 나주 신촌리 9호분 출토 금동관

겨진 것은 신라나 가야에서 볼 수 없는 고구려금관과의 밀접한 관계를 나타내고 있으며, 드리개장식이 없는 점과 화염문의 세움장식 조각기법과 형태 또한 고구려의 영향으로 제작된 화염문을 형상화한 것으로 불꽃가지의 조각형태도 고구려금관과 매우 유사하여 이들의 상호관계가 밀접하였음을 생각할 수 있다.

IV. 신라의 금관

신라의 금관은 삼국 중에 가장 많은 금관과 금동관, 은관, 동관 등을 남겼으며 종류도 매우 다양하여 "황금의 나라"라는 별칭을 얻을 정도로 많은 유물을 후세에 안겨주었다. 이것은 적석목곽봉토분積石木槨封土墳이라는 삼국 중에 유일한 장묘제도의 사용으로 인하여 무덤의 도굴을 거의 불가능하게 만들었기 때문이다. 신라금관은 현존하는 유물이 가장 많이 남아 있고 보존상태도 거의 완벽하여 고대 금관의 연구에 중요한 역할을 하고 있다. 그러나 아직까지 신라금관의 자생설과 북방전래설, 세움장식 Y

형, 出형이 무엇을 상징하는지에 대한 이론은 분분하다. 이 문제를 해결하기 위해서는 신라금관의 세움장식의 의미와 금관에 달린 곡옥曲玉의 의미에 대하여 알아볼 필요가 있다.

고대의 사회에서 용이 차지하는 상징성은 매우 크다. 용은 우주만물의 신성한 질서를 상징하는 최고의 동물로 국가의 수호와 왕실의 조상신으로 제왕의 권력을 상징한다. 그래서 왕실의 건축물이나 제왕의 장신구, 의복, 무기, 마구 등에는 용의 형상을 새겨 넣으며 용안龍顔, 용상龍床, 용루龍淚, 용좌龍座, 용포龍袍, 용가龍駕 등의 용어도 만들어질 정도이다. 용의 눈, 코, 입, 귀, 수염은 인간인 제왕의 것으로 모두 대신할 수 있지만, 가장 상징적인 용의 뿔을 대신할 수 있는 것은 인간의 몸에는 없었다. 이러한 상황에서 신라의 금관은 용의 신체 중에서도 가장 핵심적이고 인간 스스로는 갖추지 못한 용의 뿔(龍角)을 형상화시킨 것이다. 즉, 용의 뿔을 제왕의 머리에 얹으면서 용과 같은 지위의 절대왕권의 권력자가 되어 국가를 통치하고 왕실을 보존할 수 있는 신성한 존재라는 것을 정당화 시켰을 것이다.

Y형, 出형의 신라금관 세움장식은 용의 뿔을 정면에서 바라본 모습으로 형상화되어 있으며 현존하는 신라의 유물에서 그 근거를 찾을 수 있는데, 우선 신라시대 용의 뿔의 형태를 파악해야 한다. 일반적으로 조선시대 용의 뿔은 귀의 위나 뒤쪽에 나란히 두 개가 뻗어 나와 한 쌍을 이룬다. 그러나 삼국시대부터는 대부분 용의 뿔[도31]은 양 눈썹의 중간(眉間)에서 하나로 뻗어 나와 두세 갈래로 갈라지며 뻗어나가는데 고려시대의 유물 [도32] [도33]에서도 찾아볼 수 있다. 바로 이 점이 신라시대와 조선시대 용의 뿔의 다른 점이다. 여기에 한 가지 더 중요한 사실은 우리나라에 용의 얼굴이 대부분 측면으로 표현되어서 정면으로 본 용의 얼굴을 간과하기 쉽다는 것이다. 그러나 다행히도 신라시대의 유물 중에 용의 얼굴을 정면

[도22] 경주 교동 출토 금관

[도23] 호림박물관 금관

[도24] 북천동금동관

[도25] 황남대총금관

[도26] 금관총금관

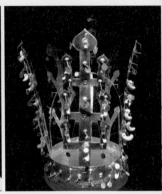
[도27] 서봉총금관

[도28] 천마총금관

[도29] 금령총금관

[도30] 삼성미술관 리움 금동관

[도31] 신라 금동제용두장식(경주 안압지 출토)

[도32] 금동제용두장식   [도33] 청자어룡주자

으로 관찰할 수 있는 유물이 남아 있어서 정면으로 바라본 용의 뿔이 왜 신라금관의 세움장식인지 확인할 수 있게 된다.

[도31]은 경주 안압지에서 출토된 금동제용두장식으로 한 쌍이며 의자의 양옆 팔걸이나 등받침 양 끝에 끼웠던 것으로 추정된다. 눈썹의 중간에서 한 뿌리로 올라온 뿔이 두 갈래로 갈라져 있다. [도32]는 [도31]과 같은 용도의 유물인데 국립중앙박물관 소장품으로 미간에서 하나로 나온 뿔이 Y자 형태로 갈라져 있다. [도33]은 고려청자로 정면에서 바라본 뿔이 잘 표현된 사례이다.

[도34]는 미륵사지 출토 금동향로의 용면부분, 김유신장군묘 호석의 용두탁본, 청동제종의 종뉴부분, 영축사지 출토 금동용두, 식리총 출토 청동용두, 천마총 출토 은제허리띠의 용부분, 오구라컬렉션 청동자루솥부분, 금제용두잔, 식리 총출토 청동자루솥용두, 신라금동용두, 백제 무령왕릉 허리띠장식, 백제 금동용봉향로의 용두부분을 나열한 것으로 모두 용의

뿔이 미간에서 한 줄기로 나와서 갈라지거나 같은 줄기에서 벌어져서 정면에서 보면 Y형상으로 보인다.

삼국시대부터 고려시대까지 이렇게 용을 형상화하거나 용을 주제로 제작한 유물은 왕실과 관련된 것으로 생각할 수 있으며 용을 입체적으로 볼 수 있는 중요한 자료이다. 특히, 왕궁이나 왕실과 관련된 사원건축지에서 출토되는 기와의 막새문양에는 정면에서 본 용면龍面이 잘 나타나므로 정면에서 바라본 용의 뿔도 잘 관찰할 수 있다. [도35]의 유물들처럼 막새의 문양인 용면에서도 뿔은 미간의 중앙에서 시작되어 크게 두 갈래로 갈라진다. 수막새의 용면은 작은 공간으로 인하여 거의 1단의 뿔에 새로운 뿔이 돋아나는 문양이고 용면판와龍面板瓦는 보다 넓은 공간으로 2단의 뿔을 문양화한 것도 보인다. 실제 금관에서는 Y형 [도22] [도23] [도24], 出형[도25] [도26] [도27] [도28] [도29] [도30]의 1단, 2단, 3단, 4단 뿔세움장식으로 다양하게 나타난다.

그동안 보는 사람마다 다르게 인식이 되어 귀면鬼面, 수면獸面, 용면龍面으로 불리우던 신라시대 막새의 문양을 신라시대의 또 다른 유물인 금동용두장식, 금동용두팔걸이장식, 은제용문허리띠장식 등의 용문양과 비교해보면 신라시대 용은 두 눈썹 사이에서 하나의 뿔로 나와서 둘로 갈라진다는 결론에 이른다. [도35]의 판와板瓦와 막새는 모든 뿔이 미간에서 나와 갈라지며 [도34]의 용을 정면에서 나타낸 것이다. 즉, 여러 가지 명칭으로 불렸던 신라시대의 막새나 판와의 문양은 귀면, 수면보다 용면이 더 정확하다는 것이다. 그동안 여섯 가지의 도상적 요소를 언급하며 귀면이 아니고 용면이라는 강우방 선생의 주장[7]은 여러 관점으로 이해가 가지만 명

---

7   강우방, 「한국와당 예술론 서설」, 『신라와전』 424쪽, 씨티파트너, 2000, 424쪽.

[도34] 미간의 한곳에서 나와 갈라진 용의 뿔

쾌한 조건을 제시하지는 못하였다. 이 주장을 보완하려면, 삼국시대부터 고려시대까지의 용의형상으로 만들어진 유물을 조사하고 그 뿔을 비교하면 신라막새가 용면임을 확인할 수 있게 된다. 또한 신라시대의 암막새문양으로 전신全身의 용문양은 볼 수 있는 반면 암막새문양에 전신의 도깨비문양은 발견되지 않고 있다. [그림3]의 용문양 암막새와 한 쌍을 이룰 수막새문양은 귀면이 아니고 용면일 것이다. 그리고 이 암막새의 용을

[도35] 신라용면판와(사래기와)와 용면수막새의 정면 용뿔

부록·삼국시대 금관의 재조명

[그림 3]　암막새의 용문양, 용의뿔(그림)

전면에서 보면 금관에서 Y형의 세움장식과 같다는 것을 알 수 있다.

신라시대 용의 얼굴이 가장 잘 나타나 있는 수막새나 판와의 탁본[그림 4]을 보면 더욱 뚜렷이 용의 뿔을 확인할 수 있으며 정면에서 본 용의 뿔을 형상화시켜서 금관의 세움장식으로 탄생시킨 것을 알 수 있다.

초기의 신라금관[도36]은 세움장식이 Y형으로 제작되다가 出형으로 좀 더 형상화되어 변모하였으며 측면에서 본 용뿔의 세움장식도 후면에 하나씩 배치하기에 이른다. 즉, 앞쪽에는 정면에서 본 용뿔 세움장식 3점과 뒤에는 측면에서 본 용뿔의 세움장식 각 1점씩 2점을 배치하여 모두 5점의 용뿔 세움장식을 입체적으로 완성하였다.

초기의 Y형으로 제작된 1단의 교동 출토 금관[도22], 2단의 호림박물관 금관[도23], 3단의 복천동 출토 금동관[도24]은 모두 측면에서 본 용뿔의 세움장식은 없고 정면에서 본 용뿔 세움장식만 있다. 이후에 제작된 出형의 금관[도25] [도26] [도27] [도28] [도29]에는 모두 정면에서 본 3점의 용뿔 세움장식과 측면에서 본 2점의 용뿔 세움장식으로, 도합 5점의 세움장식으로 입체적으로 화려하게 장식하였다. 이렇게 발전한 신라금관이 出형의 세움장식에 달린 달개장식 때문에 나뭇잎이 달린 나뭇가지로 오인되어 신라금관의 조형이 북방이고, 측면에서 본 용뿔의 세움장식은 사슴뿔로 격하시키는 잘못된 결론에 이르게 되었다.

한편, 신라금관에 달려있는 곡옥曲玉은 무엇을 상징하는 것일까? 태아胎兒를 상징하는 것일까? 초음파기계가 없던 시절에 어떻게 태아가 웅크리고 있었다는 사실을 고대인들이 알 수 있었을까? 곡옥이 태아라면 모자옥母子玉의 설명이 난감해진다. 태아가 또 다른 새끼태아를 임신한 형상인데 그것이 가능할까? [도39]의 중앙의 모자왕은 본초강목에서 가장 큰 양의 수 9가 2번 곱해진 81개의 비늘을 가지고 있다고 전해지는 용의 비늘과 81개의 반점이 일치한다. 또한 모자곡옥의 형태를 고려하면 이 모자곡옥이 용을 형상화한 것으로 추정할 수 있다.[8] 특히, 금관총금관의 양쪽 드리개장식[도37] 끝에 달린 곡옥의 머리에는 금으로 만든 용두龍頭를 조각하여 씌웠고 금제허리띠장식[도38]의 금으로 만든 곡옥 머리 부분도 용두를 조각하였다. 태아의 머리에 용의 머리를 씌울 일은 없었을 것이다. 즉, 곡옥 그 자체가 용을 형상화한 것으로 해석된다. 곡옥의 종류는 토기, 비취, 옥, 마노옥, 수정, 유리, 금, 은 등 재료도 여러 종류로, 진귀품이며 삼국시대 이전부터 고대인의 수장급 장신구류에서는 필수품처럼 등장한다. 삼국시대의 금관에서는 고구려금관과 백제의 금관에서는 곡옥이 발견되지 않고 신라의 금관과 가야의 금관에서만 곡옥이 발견된다. 이것은 세움장식의 의미가 각기 다르기 때문인데 고구려와 백제는 불꽃을 상징하고 신라와 가야는 용의 뿔을 상징한다. 용의 뿔에 부합되는 것은 태아가 아니고 용이다. 즉, 곡옥은 용을 형상화시킨 것으로 신라의 황남대총금관, 금관총금관, 서봉총금관, 천마총금관과 전 고령 출토 가야금관에도 세움장식의 의미(용의 뿔)에 맞게 달려 있다.

---

8   국립대구박물관 편, 『한국의 문양-용』 76쪽, 통천문화사, 2003, 76쪽.

[그림 4] 신라용면와의 탁본과 뿔부분

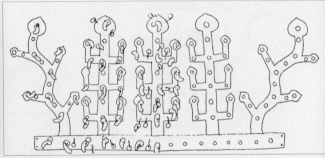

[도36] 용의 뿔이 입체적으로 표현된 금관과 전개도(측면에서 본 용의 뿔과 정면에서 본 용의 뿔)

[도37] 금관드리개 장식의 용두곡옥   [도38] 허리띠 용두곡옥

[도39] 삼국시대의 모자곡옥

부록 • 삼국시대 금관의 재조명

우리나라 곡옥의 기원으로 홍산문화紅山文化의 옥용玉龍을 생각할 수 있다. 그리고 그 주체의 일부도 우리 민족으로 볼 수 있다. 왜냐하면 홍산문화와 관련된 유물들이 한반도전역에서 꾸준히 출토되고 있기 때문이다. 결정적인 증거로 강원도 오산리유적의 옥제 결상이식은 물론 경기도 파주 주월리 신석기유적에서 출토된 옥용玉龍을 사례로 들 수 있다[9].

파주 주월리 유적의 신석기시대 옥룡[도40]은 홍산유적에서 출토되는 같은 계열의 대롱옥, 옥제사다리꼴목걸이장신구와 빗살무늬토기편 100여 점이 함께 출토되어 신석기시대 한반도와 홍산문화와의 연계성을 인식할 수 있다. [도42]의 윗줄은 홍산문화 옥룡의 변천[10]으로 왼쪽부터 건평현 출토 백옥룡(중국 요령성박물관 소장), 간반영자幹飯營子 출토 옥룡(중국 내몽고오한기박물관 소장), 여순박물관 소장 옥룡, 하와진하서下窪鎭河西 출토 옥룡(중국 내몽고오한기박물관 소장)이고 아래줄은 우리나라에서 출토된 옥룡의 변천으로 파주 주월리 신석기시대유적 출토 옥룡, 충청남도 부여 연화리 출토 청동기시대 곡옥, 삼국시대 황남대총 출토 곡옥이다. 홍산문화유적 계열의 옥룡이 파주 주월리 신석기유적지에서도 출토되어 청동기시대와 철기시대를 거쳐서 삼국시대에는 수많은 옥룡들이 곡옥으로 형상화되어 제작되었음을 증명하게 되었고, 곡옥의 원형은 용을 상징한다는 것이 명백해졌다.

삼국시대 이전의 수장급의 고분에서도 용을 형상화한 곡옥이 출토된다. 아울러 신라금관에는 용의 뿔을 형상화한 세움장식에 용을 형상화한

9   경기도박물관 편, 「파주 주월리 유적」, 『경기도박물관 유적답사보고서 제1책』 경기도박물관, 256쪽.

10   遼定省博物館 編, 「旅順博物館藏紅山文化玉猪龍」, 『遼海文物學刊』, 遼寧省科技情報印刷廳, 1992.

[도40] 파주 주월리 출토 신석기시대 옥룡   [도41] 서봉총금관의 봉황

곡옥을 더하여 신성한 제왕의 절대권력을 한층 더 신격화시켜 주는 역할
을 하였다.

　현존하는 7점의 신라금관 중에 유일하게 十자의 금관지지대가 붙어 있
는 서봉총금관[도41]은 지지대 중앙부 정상에 벼슬이 선명한 봉황鳳凰을
붙였다. 이 봉황은 알마티 이식고분 출토의 새와 같은 일반적인 새와는 개
념적인 차이가 매우 크다. 봉황은 천자天子를 상징하는 새로 태평성대에
나타나며 성군의 덕치를 증명하는 길보吉鳥로 새 중에 으뜸이다. 왕과 관
련된 궁궐건축에 용과 같이 등장하며 고대 왕릉급의 고분에서 금제허리
띠, 금동제말안장, 금동제신발, 환두도 등 각종 문양으로 용과 함께 자주
사용하였다. 서봉총금관은 신라금관 중에 유일하게 용龍과 봉황鳳凰이 결
합되어 최고의 의미를 부여한 금관인 것이다. 다시 한 번 더 신라금관 세
움장식의 의미에 대하여 강조하기 위해, [도43]에서 교동 출토 금관의 세
움장식, 호림박물관의 신라금관과 강원도 양양 진전사지에서 출토된 신
라시대 금동용두장식의 뿔을 비교해보면 바로 신라금관의 세움장식이 용
의 뿔(龍角)을 형상화시켰다는 것을 확실하게 알 수 있다.

　신라금관[도36]은 정면에서 본 용뿔 세움장식이 Y형으로 시작되어 出형

[도42] 홍산문화옥룡(위)과 우리나라 출토 옥룡(아래)

[도43] 교동금관, 금동용두장식(단국대학교 석주선기념박물관), 신라금관(호림박물관), 뿔 비교

으로 변하는데, 出형 제작시기에서는 측면에 나타난 용뿔 세움장식도 합세하여 총 5개의 세움장식으로 용의 뿔을 입체적으로 표현하였으며, 용의 형상인 곡옥과 빛의 산란으로 더욱 화려한 달개장식을 달아서 아무도 도전할 수 없는 절대왕권의 권위와 존귀함의 극치를 이루었다.

V. 가야의 금관

가야의 금관은 신라의 금관과 세움장식의 의미가 일맥상통한다. 가야 금관 역시 용의 뿔을 형상화시킨 것으로 현존하는 금관은 2점이 남아 있다. 전 고령 출토 가야금관[도43]과 일제강점기에 출토된 전 경상남도 출토 오구라컬렉션 가야금관[도44]이다. 전자는 한국의 삼성미술관 리움에 있고, 후자는 일본 도쿄국립박물관에 소장되어 있다. 가야금관의 세움장식은 일반적으로 현재의 모습으로 형태만 생각하여 초화형이라 부른다. 즉 풀잎과 꽃이라는 뜻인데, 가야왕국의 제왕은 식물을 유난히 사랑하여 금관을 풀잎으로 만들어 절대왕권의 위엄을 백성과 신하들 앞에서 내세운 것일까? 특히, 금관의 세움장식에 달려 있는 나뭇잎처럼 생긴 달개장식 때문에 식물로 혼돈이 되는데, 이 달개장식은 삼국시대 금관뿐만이 아니라 금동신발, 금제허리띠, 금제목걸이, 팔찌, 마구류, 정강이가리개 등을 화려하게 꾸미는 방법의 일종으로 금속공예기법 중의 하나일 뿐, 금관의 달개장식은 나뭇잎의 의미는 없다. 이 달개장식으로 인하여 신라금관의 세움장식을 나무로 오인하는 경우도 생긴다.

[도45]를 비교하면 초화문으로 생각되던 가야금관의 세움장식은 정면으로 본 용의 뿔임이 확실하다. [도47]에서 초화문과 비슷한 용의 뿔을 더 확인할 수 있다. 이렇게 삼국시대에 형상화시킨 용의 뿔이 현대의 초화문과 흡사하여 자칫 잘못하면 강력한 절대왕권과 관련된 제왕의 금관이라는 의미가 크게 뒤바뀔 수도 있다. [도43]의 전 고령 출토 가야금관은 관테에 용을 형상화한 곡옥을 달아서 용과 버금가는 절대왕권의 의미를 한층 더 강조하였고 4개의 세움장식을 금못을 사용하지 않고 모두 금사를 사용하여 연결하였는데 전 강서군 출토 고구려금관과 동일한 기법이다.

[도43] 전 고령 출토 가야금관   [도44] 오구라컬렉션 가야금관

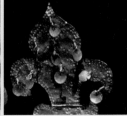

[도45] 황룡사지 출토 용면수막새의 뿔과 가야금관의 세움장식 비교

[도44]의 오구라컬렉션 금관은 정면에 낮은 뿔을 중심으로 양옆에 1쌍씩의 측면에서 본 뿔을 세움장식으로 달았다. 신라의 出형 금관처럼 입체적으로 용의 뿔을 표현한 것이다. 한편, 가야의 금동관으로 세움장식이 신라의 금관인 出형인 것도 나타나는데 합천 옥전동 M6호묘에서 출토되었다. 이것은 가야가 정치적으로 신라와 밀접한 관계가 있던 상황을 알 수 있으며 역시 용의 뿔 세움장식으로 한 금관의 세움장식과 일맥상통한다. 가야 금동관 중에 고령 지산동 32호묘 출토의 금동관 역시 같은 의미로 볼 수 있는데 넓은 세움장식이 앞면에 하나만 붙어 있는 특이한 형태로 이와 비슷한 사례를 찾기 힘들다. 세움장식의 정상부 뿔은 전 고령 출토 가야금관과 오구라컬렉션 금관의 세움장식과 비슷하고 양옆의 두 장식은 신라의 出형 세움장식과 비슷하여 낙타의 이마를 닮은 용의 이마 한 뿌리에서 뿔

[도46]　가야금동관, 창녕 출토 용면말방울, 변종하 기증 금동관(부분)

[도47]　초화문과 비슷한 신라시대 용의 뿔

이 여러 갈래로 돋아난 모습으로, 신라의 세움장식과 가야의 세움장식이 결합이 된 사례이며 창녕에서 출토된 용면말방울의 뿔과 유사하고 변종하 기증 금동관의 세움장식 윗부분에 돋아난 뿔[도46]과 유사하다. 가야국 역시 신라처럼 제왕의 머리에 용의 뿔을 금관으로 얹음으로써 왕이 용과 동등하게 신성하고 절대적인 권력을 누릴 수 있다는 것을 과시하는 결과를 얻었을 것이다.

VI. 결론

전 세계에서 고대왕국의 금관은 14점 뿐이다. 그중 우리나라에 10점이 있으며 고구려 1점, 신라 7점, 가야 2점이다. 백제의 금관은 아직 발견되지 않았으나 신촌리 9호분의 금동관으로 미루어보면 금관의 존재가능성은 매우 크다. 삼국시대 금관의 의미를 종합하면, 고구려와 백제의 금관은 불꽃(火焰文)을 상징하고 신라와 가야의 금관은 용의 뿔(龍角)을 상징한다. 그동안 혹자는 신라금관의 세움장식을 나뭇가지와 사슴뿔 정도로 생각하여 틸리아 테페 유적에서 출토된 박트리아시대 금관이나 스키타이 사르마트금관이 신라금관의 원형이 될 수 있다고 주장하며 시베리아 알타이 지역과 억지로 짜 맞추고, 서봉총금관의 十자 지지대를 19세기 에네트족 샤먼의 사슴가죽모자와 관련 있다고도 주장했다. 한 마디로 시공을 초월한 궤변이다. 결론은 신라금관의 세움장식은 용의 뿔을 입체적으로 표현한 것이고 나뭇가지나 사슴뿔이 아니며, 서봉총의 새는 이름 그대로 봉이기 때문에 일반적인 북방의 새의 개념과는 천지차이가 난다. 신라금관 중에 제일 화려하고 큰 의미가 있는 서봉총금관은 입체화된 용의 뿔에 용을 형상화한 수많은 곡옥과 봉황까지 어우러진 최고의 권력자인 제왕의 전 유물이다. 즉, 신라금관은 아프가니스탄금관이나 사르마트금관과는 조형도 다르고 의미도 전혀 다른 것으로 우리 민족의 문화 속에서 자생적으로 태어난 문화유산인 것이다. 유물의 실체를 정확하게 파악하지도 못한 채 겉모습과 상상력만으로 유물의 본질을 오도해서는 안 된다.

또 다른 문제는 금관의 실용성에 관한 것이다. 고구려, 백제, 가야의 금관은 세움장식이 낮아서 의례용으로 사용하였을 가능성이 높다. 세움장식이 높은 신라의 금관[도49]이 문제가 된다고 하지만 실용의 이유를 바

[도48] 신라시대에 수리된 금동조익관 수리부분(도쿄국립박물관)

로 그 금관에서 찾을 수 있다. 첫째, 신라의 금관은 약 20%정도의 은이 함
유되어 있고 금관에 점선문을 새겨서 세움장식을 잘 세울 수 있게 하였다.
둘째, 곡옥이 달려 있는 천마총금관에서 보면, 세움장식의 1단에서 2단, 3
단 위로 올라갈수록 곡옥의 크기를 작게 만들어 붙였는데, 이는 무게중심
을 아래쪽에 두어 잘 설 수 있게 하기 위함이다[도49]. 그리고 재활용한 곡
옥이 단순부장용이 아닌 실사용의 증거가 된다. 셋째, 무엇보다도 서봉총
금관의 十형 지지대는 금관을 세우기 위한 결정적인 근거이다. 단순부장
용이라면 굳이 세우기 위한 지지대를 만들 필요가 없기 때문이다. 마지막
으로 결정적인 실용기물의 증거는 일본 도쿄국립박물관에 소장된 신라금
동조익관[도48]에서 볼 수 있는데 사용하다가 금이 간 부분을 당시에 금동

[도49] 천마총금관

판을 덧대어 수리한 부분이 바로 그것이다.

　시간과 장소를 불문하고 태양이 영원불멸과 모든 생명의 근원이라고 인류는 공통으로 생각해왔으며 지상에서는 변치 않는 금속인 금으로 태양의 의미를 대신하였다. 근년에 발표된 전傳 평안남도 강서군 보림면 간성리 출토 고구려 불꽃무늬 금관은 이러한 사상이 함축된 것으로 큰 의의를 지니고 있다. 이 금관은 일제강점기에 출토된 가야금관처럼 정확한 출토지는 미상이지만 출토지를 추정할 수 있는 일제강점기의 묵서명墨書名이 남아 있으며 역사적, 학술적으로 매우 중요한 의미를 갖는 문화유산이다. 그동안 거의 도굴된 고구려고분에서 잔편殘片만으로 확인되었던 고구려금관의 실체를 1,500여 년 만에 후손들에게 알려주었고 고구려의 찬란한 문화와 숨겨진 역사를 밝혀주는 중요한 연결고리가 되었다. 이 고구려 금관은 금의 성분분석, 세움장식판의 절단기법과 관테와 달개장식의 이음방법, 금사의 연결방법, 금관에 침착된 유기물과 점선조기법點線彫技法의 특징 등이 기존의 고구려 금제유물의 특성과 동일하고, 동반출토유물인 금제귀고리, 금동마구, 금동못 등 수십 점의 금동장식들은 같은 시기에 조성된 고구려유물과 일치한다. 특히 고구려의 중요한 유적유물이 많이 남아 있지 않은 우리에게는 이 고구려불꽃무늬금관이 중국의 동북공정을 넘어서 우리 민족과 고구려의 정통성을 이어주는 매개체의 역할을 하는 매우 귀중한 문화유산인 것이다.

참고문헌

국립공주박물관 편,『백제 사마왕』, 통천문화사, 2001.

국립경주박물관,『신라와전』, 씨티파트너, 2000.

국립경주박물관,『신라황금』, 씨티파트너, 2001.

국립대구박물관 편,『한국의 문양 용』, 통천문화사, 2003.

국립문화재연구소 편,『일본 도쿄국립박물관 소장 오구라 컬렉션 한국문화재』, 국
　　　립문화재연구소, 2005.

국립부여박물관 편,『백제의 숨결 금빛 예술혼, 금속공예』, 국립부여박물관, 2008.

국립중앙박물관,『유창종 기증 기와·전돌』, 통천문화사, 2002.

경기도박물관 편,『파주 주월리 유적』, 경기도박물관 유적답사보고서 제1책, 경기도
　　　박물관, 1999.

길림성문물지편위회,『집안현문물지』, 길림성문화청기관인쇄청, 1984.

길림성문물고고연구소 외,『집안출토고구려문물집졸』, 과학출판사, 2010.

김병모,『금관의 비밀』, 고려문화재연구원, 1998.

김열규,『한국의 신화』, 일조각, 1975.

내몽고오한기박물관,『오한문물정화』, 내몽고문화출판사. 2004.

박선희,「신라금관에 선행한 고구려금관의 발전양상과 금관의 주체」,『백산학보』
　　　제90호, 2011.

박선희,『고구려 금관의 정치사』, 경인문화사, 2013.

박선희,『우리 금관의 역사를 밝힌다』, 지식산업사. 2008.

조선기술발전사편찬위원회 편,『조선기술 발전사 2』, 백산자료원, 1996.

호림박물관 편,『영원을 꿈꾼 불멸의 빛, 금과 은』, 성보문화재단, 2010.

요령성고고박물관학회 외,『요해문물학간』, 요령성과기정보연구소인쇄청, 1992.

요령성고고박물관학회 외,『요해문물학간』, 요령성과기정보연구소인쇄청, 1996.

이난영,『한국고대금속공예연구』, 일지사, 1998.

임영주,『한국문양사』, 미진사, 1983.

임재해,「문화적 맥락에서 본 금관의 형상과 건국신화의 함수」,『한국의 미술문화사
　　　논총』, 학연문화사, 2002.

임재해,『신라금관의 기원을 밝힌다』, 지식산업사, 2008.

진홍섭,『한국금속공예』, 일지사, 1980.

조선유적유물도감편찬위원회 편,『북한의 문화재와 문화유적』, 서울대학교출판부,
　　　2000.

천리대학부속천리참고관,『조선반도의 고고학』, 천리시보사, 1989.

삼성문화재단 편,『용:신화와 미술』, 삼성문화재단, 2000.

황욱, 1958년,『문화유산』 5, 과학원출판사, 1958.

김대환

고려대학교를 졸업하고 대학원에서 문화재보존학을 전공하였으며 지난 37년간 국내
외 발굴현장과 유적지를 답사하며 문화재를 연구하였다. 지난 10년간 대학교박물관과
국공립박물관에 신라금동불상, 고려청동탑, 고려청자, 고려도기, 조선백자, 고려와전,
벼루, 출토복식 등 5,000여 점의 유물을 기증하였다.
현재 상명대학교 역사콘텐츠학과 석좌교수, 두양문화재단 이사, 문화재평론가로 활동
중이며 교수신문에 문화재칼럼(김대환의 문향)을 연재 중이다.

〈주요저서와 논문〉
「고구려 '태화9년명 비천문 금동광배'의 신례」, 호불 정영호박사 팔순송축기념논총,
    2016.
『박물관에선 볼 수 없는 문화재』, 2014.
「삼국시대 금관의 재조명」, 동아세아 역사문화논총, 2014.
「삼국시대 도침연구-고구려 명문도침을 중심으로」, 백산학보 제71호, 2004.
「국립중앙박물관소장 고구려 청동삼족정에 대한 소고」, 고구려연구3집, 1997.

박물관에선
　　볼 수 없는 문화재 2

2017년　2월 10일 초판 인쇄
2017년　2월 17일 초판 발행

지 은 이　김대환
발 행 인　한정희
발 행 처　경인문화사
총 괄 이 사　김환기
편 집 부　김지선 나지은 박수진 문성연 유지혜
관리·영업부　김선규 하재일 유인순
출 판 신 고　제406-1973-000003호
주　　　　소　파주시 회동길 445-1 경인빌딩 B동 4층
대 표 전 화　031-955-9300　팩 스　031-955-9310
홈 페 이 지　http://www.kyunginp.co.kr
이 메 일　kyungin@kyunginp.co.kr

ISBN 978-89-499-4248-3　93910
값 29,000원